Tapescript to accompany

KONTAKTE

A Communicative Approach

Second Edition

Tracy D. Terrell
Professor Emeritus,
University of California, San Diego

Brigitte Nikolai
University of Iowa

Erwin Tschirner
University of Iowa

Herbert Genzmer

McGraw-Hill, Inc.
New York   St. Louis   San Francisco   Auckland   Bogotá   Caracas
Lisbon   London   Madrid   Mexico   Milan   Montreal   New Delhi   Paris
San Juan   Singapore   Sydney   Tokyo   Toronto

This is an  book.

Tapescript to accompany
Kontakte: A Communicative Approach

1 2 3 4 5 6 7 8 9 0   HAN HAN   9 0 9 8 7 6 5 4 3 2

ISBN: 0-07-063793-8

The tapescript was formatted on a Macintosh computer by Fog Press.

The editors were Eileen LeVan and Stacey C. Sawyer.

The production supervisor was Diane Baccianini.

Production and editorial assistance was provided by Stacey C. Sawyer.

Hamilton Reproductions, Inc., was the printer and binder.

Contents

HÖRVERSTÄNDNIS

Dialoge aus dem Text

A. Jürgen Baumann spricht mit einer anderen Studentin.

JÜRGEN: Hallo, bist du neu hier?
MELANIE: Ja. Du auch?
JÜRGEN: Ja. Du, sag mal, wie heißt du?
MELANIE: Melanie. Und du?
JÜRGEN: Jürgen.

B. Frau Frisch spricht am Telefon mit Herrn Koch.

FRAU FRISCH: Guten Tag, Herr Koch. Hier ist Frau Frisch.
HERR KOCH: Guten Tag, Frau Frisch.

C. Frau Körner trifft Jutta Ruf von nebenan.

FRAU KÖRNER: Na, Jutta?
JUTTA: Guten Abend, Frau Körner.
FRAU KÖRNER: Was macht die Schule?
JUTTA: Ach, es geht so.
FRAU KÖRNER: Und wie geht's deiner Mutter?
JUTTA: Gut, danke.

D. Jutta trifft ihren Freund Jens Krüger.

JUTTA: Hallo, Jens.
JENS: Ach, hallo, Jutta.
JUTTA: Was machst du so?
JENS: Ich habe schrecklich viel zu tun.
JUTTA: Na, dann mach's gut.
JENS: Tschüs.

Weitere Hörtexte

A. Aufforderungen. You will hear a part of Professor Schulz's German class. The students are participating in a Total Physical Response (TPR) activity.

Frau Schulz gibt Aufforderungen.

Gehen Sie, gehen Sie, ja, gehen Sie bitte. Gut. Jetzt laufen Sie, ja, laufen Sie bitte. Gut. Schauen Sie an die Tafel, ja, an die Tafel, schauen Sie an die Tafel. Gut. Jetzt springen Sie, springen Sie bitte. Gut. Nehmen Sie ein Buch, nehmen Sie ein Buch. Gut. Jetzt öffnen Sie das Buch, ja, öffnen Sie das Buch. Gut. Und jetzt lesen Sie, ja, lesen Sie. Jetzt schließen Sie bitte das Buch, ja, schließen Sie das Buch. Gut. Sagen Sie „Auf Wiedersehen", sagen Sie „Auf Wiedersehen". Gut. Danke.

B. Namen der Studenten. Nora is a new student in the German class. She doesn't know the names of all her classmates yet, and Albert is trying to help.

Nora, eine neue Studentin in der Deutschklasse, spricht mit Albert.

NORA:	Albert, wie heißt die Studentin da?
ALBERT:	Sie heißt Heidi.
NORA:	Ah, Heidi. Und wie heißt der Student mit der Brille?
ALBERT:	Stefan, er heißt Stefan.
NORA:	Ach, so, Stefan heißt er. Und die Studentinnen da, wie heißen sie?
ALBERT:	Die blonde Studentin heißt Monika. Und die mit den braunen Haaren heißt . . . Moment . . . ach ja! Sie heißt Gabi.

C. Beschreibungen. Michael Pusch introduces and describes himself.

NEUE VOKABELN

schick
teures
einfach

Guten Tag. Ich heiße Michael. Ich bin groß und schlank. Ich habe kurzes, braunes Haar, und meine Augen sind groß und blau. Ich habe auch einen Schnurrbart. Ich bin einfach toll. Ich trage eine schicke Krawatte und ein teures Sakko. Und natürlich trage ich eine kalifornische Sonnenbrille.

D. Kleidung. Heidi and Stefan, students in Frau Schulz's class, are talking about the clothes that the instructor and the other students are wearing.

NEUE VOKABELN

Quatsch!

Stefan und Heidi sprechen in der Deutschklasse über die Kleidung der anderen Studenten.

HEIDI:	Monikas rosa Bluse ist schön, nicht?
STEFAN:	Ja, sehr. Aber ihre Bluse ist rot, sie ist nicht rosa.
HEIDI:	Nein, sie ist rosa! Aber Noras Bluse ist rot!
STEFAN:	Na gut! Dann ist Monikas Bluse rosa und Noras ist rot.
HEIDI:	Ja, richtig!
STEFAN:	Aber sag mal, Heidi. Welche Farbe hat Alberts Hose?
HEIDI:	Sie ist grau, und sein Hemd ist grün!
STEFAN:	Das ist grün? Dann ist Peters Jacke auch grün!
HEIDI:	Quatsch, sie ist braun! Frau Schulz' Kleid ist auch braun—und nicht sehr schön!
STEFAN:	Pst. Da ist Frau Schulz . . .

E. Farben. Today in Professor Schulz's class the students are counting the number of people wearing the same color clothing.

NEUE VOKABELN

stellt . . . Fragen

Frau Schulz stellt den Studenten Fragen.

FRAU SCHULZ:	Wie viele Studentinnen tragen weiße Blusen?
STUDENTEN:	Eins, zwei, drei, vier.
FRAU SCHULZ:	Vier. Gut! Vier Studentinnen tragen weiße Blusen. Wie viele Studenten tragen blaue Hemden?
STUDENTEN:	Eins, zwei, drei.
FRAU SCHULZ:	Ja, richtig, drei Studenten. Und wie viele tragen braune Hosen?
STUDENTEN:	Eins, zwei, drei, vier, fünf, sechs.
FRAU SCHULZ:	Genau. Sechs Studenten tragen braune Hosen.

F. Zahlen. Professor Schulz is dictating random numbers between 10 and 100 to her class.

NEUE VOKABELN

zwischen
Entschuldigung!
Gern!

Frau Schulz diktiert Zahlen zwischen 10 und 100. Stefan hat Probleme.

FRAU SCHULZ:	Hören Sie gut zu und schreiben Sie bitte: 52, ja, 52; 17, 17; 69, 69; 35, 35.
STEFAN:	Entschuldigung. 69?
FRAU SCHULZ:	Ja, Stefan, 69. Noch einmal: 52, 17, 69, 35. So jetzt schreiben Sie bitte: 26, 26; jetzt 43, 43; 95, 95.
STEFAN:	Noch einmal, bitte, Frau Schulz.
FRAU SCHULZ:	95, Stefan. 26, 43 und 95.
STEFAN:	Vielen Dank.
FRAU SCHULZ:	Gern, Stefan. Jetzt: 60, 60 und 16, 16 und 18, 18 und 80, 80. Noch einmal: 60, 16, 18, 80.

G. Der Körper. The students in Professor Schulz's class are doing a TPR activity that involves various parts of the body.

NEUE VOKABELN

Berühren Sie!

Frau Schulz gibt Aufforderungen.

Berühren Sie die Schultern, ja, die Schultern. Berühren Sie die Schultern. Jetzt bitte die Nase, die Nase. Gut. Und jetzt die Ohren, ja, berühren Sie die Ohren. Gut. Jetzt den Mund, berühren Sie den Mund. Und jetzt einen Arm. Ja, einen Arm. Jetzt den Bauch, ja, berühren Sie den Bauch. Jetzt berühren Sie einen Fuß, ja, einen Fuß. Gut. Und jetzt eine Hand, berühren Sie eine Hand. Gut. Und zum Schluß ein Bein, ja, ein Bein. Danke, sehr gut.

H. Du oder Sie?

1. In der Isabellastraße
    a. Frau Körner trifft Herrn Ruf: Wie geht es Ihnen?
    b. Jens fragt Jutta: Hallo, was machst du so?
    c. Herr Wagner trifft Frau Gretter: Guten Tag, Frau Gretter, was machen Sie denn hier?
2. Im Deutschkurs
    a. Frau Schulz diktiert den Studenten: Hören Sie gut zu, und schreiben Sie bitte.
    b. Heidi fragt Katrin: Katrin, ist deine Bluse neu?
    c. Stefan fragt Frau Schulz: Entschuldigen Sie. Ich verstehe das nicht.

ORTHOGRAPHIE

In this chapter you will learn the German alphabet. Because some sounds in German present a challenge to non-native speakers, in subsequent chapters you will have an opportunity to practice individual sounds and recognize specific spelling problems.

Das Alphabet

The German alphabet has 26 letters, just like the English alphabet, and four additional letters ä (*a-umlaut*), ö (*o-umlaut*), ü (*u-umlaut*), and ß (*ess-tset*). In dictionary entries, however, ä, ö, ü, and ß are not included in the alphabet as separate letters.

Listen carefully to each letter of the German alphabet, and repeat each one after the speaker.

a	ah
b	bay
c	tsay
d	day
e	ay
f	eff
g	gay
h	hah
i	eee
j	yott
k	kah
l	el
m	em
n	en
o	oh
p	pay
q	coo
r	er
s	ess
t	tay
u	ooh
v	fau (like *foul* without the *l*)
w	vay
x	icks
y	üpsilon
z	tset

Now listen to the German letters ä, ö, ü, and ß and repeat each one.

ä, ö, ü, ß

Übungen

I. Listen as the following words are spelled.

1. Rock
2. Hemd
3. Auge
4. Tschüs
5. Danke
6. Jutta
7. Buch
8. Bücher
9. Fuß

II. Diktat (*Dictation*)

Twelve words from the vocabulary in **Einführung A** will now be spelled. Listen, and write the words as you hear them spelled.

1. Sakko
2. Bluse
3. Brille
4. alt
5. lang
6. Anzug
7. Kleid
8. Schuhe
9. Jacke
10. Buch
11. Studentin
12. Ohren

HÖRVERSTÄNDNIS

Dialoge aus dem Text

A. Gabi spricht mit Jutta auf einer Party.

JUTTA: Du, wer ist der Typ da drüben?
GABI: Der mit dem Bart?
JUTTA: Ja, genau der.
GABI: Das ist mein neuer Freund Sven. Er ist ein bißchen schüchtern, aber sonst sehr nett.
JUTTA: Ich bin auch schüchtern. Macht das was?

B. Albert spricht mit Peter vor der Klasse.

ALBERT: Na, wie ist deine neue Freundin, Peter?
PETER: Wirklich nett und auch sehr hübsch. Sie ist groß, schlank und hat braunes Haar.
ALBERT: Und wie heißt sie?
PETER: Karina.

C. Das Wetter in Regensburg. Josef trifft Claire an der Uni.

JOSEF: Schön heute, nicht?
CLAIRE: Ja, sehr sonnig—wirklich schön!
JOSEF: Leider regnet es so oft hier in Bayern—auch im Sommer.
CLAIRE: Ist es auch oft kühl und windig hier?
JOSEF: Ja, im Frühling. Und manchmal schneit es noch im April.

D. Woher kommst du? Claire trifft Melanie auf einer Party.

CLAIRE: Wie heißt du?
MELANIE: Melanie. Und du?
CLAIRE: Claire.
MELANIE: Bist du Amerikanerin?
CLAIRE: Ja.
MELANIE: Und woher kommst du?
CLAIRE: Aus New York. Und du?
MELANIE: Aus Regensburg. Ich bin von hier.

Weitere Hörtexte

A. Das Klassenzimmer. Ernst has just returned from his first day in school this fall. His mother is asking him about his classroom and the objects in it.

NEUE VOKABELN

sogar
der Schüler, -
die Lehrerin, -nen

Frau Wagner spricht mit Ernst über seinen ersten Schultag.

FRAU WAGNER: Ist dein Klassenzimmer groß, Ernst?
ERNST: Ja, sehr. Und wir haben viele Stühle und Tische.
FRAU WAGNER: Habt ihr auch eine Tafel?
ERNST: Ja, sogar drei.
FRAU WAGNER: Welche Farbe haben sie, schwarz oder grün?
ERNST: Sie sind grün.
FRAU WAGNER: Ach ja, grün! Haben alle Schüler Papier und Stifte?
ERNST: Ja, und wir haben auch Hefte.
FRAU WAGNER: Und die Lehrerin? Hat sie auch einen Schwamm und Kreide?
ERNST: Ja, sie hat einen Schwamm, Kreide und viele Bücher. Und Mutti, wir haben sogar einen neuen Computer!
FRAU WAGNER: Wirklich? Das ist ja ein modernes Klassenzimmer! Toll!

B. Auf einer Party in Berkeley

NEUE VOKABELN

da drüben
kennen
stimmt
das Paar

Rolf Schmitz trifft Peter Kaufmann auf einer Party. Peter ist ein bißchen nervös.

ROLF: Hallo, Peter, grüß dich. Wie geht's dir?
PETER: Ach hallo, Rolf. Ich bin ein bißchen nervös.
ROLF: Warum?
PETER: Siehst du die Frau da drüben?
ROLF: Ja.
PETER: Sie heißt Sabine. Albert sagt, sie ist sehr intelligent und sportlich.
ROLF: Ja, ich kenne sie. Sie ist auch sehr nett.
PETER: Und sehr hübsch.
ROLF: Ja, stimmt. Warum bist du dann so nervös?
PETER: Ich möchte mit ihr sprechen. Aber ich bin zu schüchtern.
ROLF: Vielleicht ist sie ja auch schüchtern.
PETER: Dann sind wir wirklich ein gutes Paar.

C. Die Familie. Frau Schulz spricht mit Peter Kaufmann über seine Familie.

FRAU SCHULZ: Haben Sie eine große Familie, Peter?
PETER: Nein, wir sind nur sechs.
FRAU SCHULZ: Sie haben also fünf Geschwister?
PETER: Nein, nein. Ich habe drei Geschwister, und mit meiner Mutter und meinem Vater sind wir sechs.
FRAU SCHULZ: Ach so. Wie heißt denn Ihr Vater?
PETER: Josef.

FRAU SCHULZ: Und Ihre Mutter?
PETER: Maria.
FRAU SCHULZ: Und wie heißen Ihre Geschwister?
PETER: Meine Schwester heißt Diana, und meine Brüder heißen Thomas und Paul.
FRAU SCHULZ: Ihre Familie ist ja gar nicht so klein, Peter.
PETER: Na ja, aber sehr groß auch nicht.

D. Wetter und Jahreszeiten

1. Wettervorhersage: Die Familie Frisch hört die Wettervorhersage im Radio.

Das Wetter für Samstag, den 5. März. In London ist es kalt und es regnet. In Madrid scheint die Sonne, und in Athen ist es heiß. In Paris regnet es, und in Stockholm ist es kalt und es schneit. In Hamburg ist es schön, aber in Berlin regnet es.

2. Das Wetter in Kalifornien

NEUE VOKABELN

neblig
brauchen

Claire Martin, eine amerikanische Studentin, ist auf einer Party in Regensburg. Ihre Freundin Melanie stellt ihr einen anderen Studenten vor.

MELANIE: Claire, das ist Franz. Er kommt aus Österreich.
CLAIRE: Hallo, Franz. Studierst du hier in Regensburg?
FRANZ: Ja, ich studiere Musik. Studierst du auch hier?
CLAIRE: Ja, aber ich komme aus den USA, aus Kalifornien.
FRANZ: Toll! Kalifornien ist sicher schön. Da scheint doch immer die Sonne, oder?
CLAIRE: Nein, in San Francisco ist das Wetter nicht immer so warm.
FRANZ: Aber im Sommer ist es immer heiß, oder?
CLAIRE: Nein, im Sommer ist es oft kühl und neblig.
FRANZ: Wirklich?
CLAIRE: Ja, es ist nicht oft schön im Sommer.
FRANZ: Und im Winter? Schneit es da im Winter?
CLAIRE: Nein, es regnet, aber es schneit nicht. So kalt ist es nicht. Wie sind denn die Winter hier?
FRANZ: Hier in Regensburg haben wir lange Winter. Es ist sehr kalt, und es schneit viel.
CLAIRE: Wirklich? Dann brauche ich ja eine neue warme Winterjacke.

E. Herkunft und Nationalität. Silvia Mertens und Jürgen Baumann sind auf einer Party im Studentenheim in Göttingen. Jürgen kennt viele Studentinnen und Studenten, aber Silvia kennt niemand.

NEUE VOKABELN

neben
genug

SILVIA: Jürgen, wie heißt denn der Typ da mit dem schwarzen Haar?
JÜRGEN: Das ist Jean, er kommt aus Frankreich.
SILVIA: Und wie heißt die schwarzhaarige Studentin neben Jean?
JÜRGEN: Sie heißt Teresa und kommt aus Argentinien, aus Buenos Aires. Und die Frau neben Teresa heißt Lena, sie kommt aus Schweden.
SILVIA: Ganz schön international!
JÜRGEN: Stimmt. Und Julio, der Student da mit dem kurzen Haar, kommt aus Barcelona.
SILVIA: Sag mal, studiert der Student neben Julio nicht Biologie?
JÜRGEN: Ja, genau. Er heißt Mike Williams und kommt aus England.
SILVIA: Gibt es auch Amerikaner hier?
JÜRGEN: Nein, im Moment nicht. Wir sind doch wohl international genug, oder?
SILVIA: Ok. Ok. Aber ich suche immer noch Robert Redford!

ORTHOGRAPHIE

Das Alphabet: Wiederholung

Here again is the German alphabet. Listen and pronounce each letter.

a, b, c, d, e, f, g, h, i, j, k, l, m,
n, o, p, q, r, s, t, u, v, w, x, y, z

And here again are the umlauted vowels and ß, as they are pronounced when one is spelling in German. Listen and pronounce each letter.

ä, ö, ü, ß

Now spell the words that you hear. After a brief pause, the speaker will spell the word for you.

1. zwei 2. Kleid 3. Kreide 4. schüchtern 5. Juli 6. schön 7. Familie 8. Vater 9. Gesicht 10. Schuhe

KAPITEL 1

HÖRVERSTÄNDNIS

Dialoge aus dem Text

A. Was studierst du?

STEFAN: Hallo, bist du neu hier?
ROLF: Ja, ich komme aus Deutschland.
STEFAN: Und was machst du hier?
ROLF: Ich studiere Psychologie. Und du?
STEFAN: Chemie.

B. Melanie Staiger ist auf dem Einwohnermeldeamt in Regensburg. Sie braucht einen neuen Personalausweis.

BEAMTE: Grüß Gott!
MELANIE: Grüß Gott. Ich brauche einen neuen Personalausweis.
BEAMTE: Wie ist Ihr Name, bitte?
MELANIE: Staiger, Melanie Staiger.
BEAMTE: Und wo wohnen Sie?
MELANIE: In Regensburg.
BEAMTE: Was ist die genaue Adresse?
MELANIE: Gesandtenstraße 8.
BEAMTE: Haben Sie auch Telefon?
MELANIE: Ja, die Nummer ist 24352.
BEAMTE: Wie alt sind Sie?
MELANIE: 21.
BEAMTE: Was sind Sie von Beruf?
MELANIE: Ich bin Studentin.
BEAMTE: Und was studieren Sie?
MELANIE: Kunstgeschichte.

Weitere Hörtexte

A. Hobbies

NEUE VOKABELN

Urlaub machen

Nach der Deutschklasse sprechen Nora und Albert über die Ferien.

ALBERT: Was machst du denn gern in den Ferien, Nora?
NORA: Ich gehe gern windsurfen und schwimme gern.
ALBERT: Gehst du oft windsurfen?
NORA: Ja, jedes Wochenende.

ALBERT: Toll! Ich habe nicht so viel Zeit.

NORA: Warum nicht?

ALBERT: Ich studiere Mathematik und arbeite auch in der Bibliothek.

NORA: Im Sommer auch?

ALBERT: Ja. Aber im Sommer mache ich immer eine Woche Urlaub mit meiner Familie. Wir zelten gern in Yosemite.

NORA: Wirklich? Ich wandere auch gern in den Bergen.

B. Freizeitpark „Hansaland"

NEUE VOKABELN

der Spaß
die Sauna, -en
das Solarium, die Solarien

Werbung für den Freizeitpark Hansaland.

Freizeitpark Hansaland, das moderne Freizeitcenter für die ganze Familie. Sind Sie gern aktiv? Bei uns finden Sie moderne Sportanlagen. Schwimmen, Tennis, Squash. Unser Schwimmbad hat außerdem moderne Solarien und Saunen. Wenn Sie gern essen, besuchen Sie doch unser Restaurant im Park. Oder bleiben Sie für ein Glas Bier in der Strandbar. Hansaland, der neue Freizeitspaß für alle, die gern fit sind.

C. Studium

NEUE VOKABELN

können
alles

Thomas und Katrin sitzen in einem Café in Berkeley. Sie sprechen über ihr Studium.

THOMAS: Welche Kurse hast du dieses Semester, Katrin?

KATRIN: Ich habe um 9 Uhr einen Biologiekurs.

THOMAS: Um 9 Uhr!

KATRIN: Na? Und hast du denn keinen Kurs um 9 Uhr?

THOMAS: Nein, aber ich habe Geschichte um 10 Uhr.

KATRIN: Ich habe auch Geschichte, aber erst um 1 Uhr.

THOMAS: Hast du auch Soziologie?

KATRIN: Nein, aber ich habe Psychologie um 10 Uhr bei einem sehr guten Professor.

THOMAS: Ich habe auch Psychologie, aber um 2 Uhr bei einer Professorin. Sie ist sehr intelligent, sehr hübsch, sehr . . . sexy.

KATRIN: Tja, *du* bist leider nicht so sexy.

D. Tagesablauf. Die Studenten und Studentinnen in der Deutschklasse machen ein Interview über ihren Tagesablauf. Heidi und Peter arbeiten als Partner.

HEIDI: Wann stehst du normalerweise auf, Peter?

PETER: Um 7 Uhr. Und du?

HEIDI: Ich stehe normalerweise um halb sieben auf.

PETER: Frühstückst du?

HEIDI: Ja, meistens um 7. Wann frühstückst du?

PETER: Ich frühstücke nicht. Ich habe nie Zeit.

HEIDI: Nie?

PETER: Nein, ich stehe um 7 Uhr auf, dann dusche ich und es ist fast halb acht. Und um 7.35 nehme ich den Bus.

HEIDI: Ach so. Ich nehme den Bus um 7.20 und bin um viertel vor 8 hier. Aber Peter, warum stehst du nicht um 6.30 auf?

PETER: Ich schlafe so gern!

E. Silvia arbeitet auf dem Bahnhof.

NEUE VOKABELN

der Kunde, -n / die Kundin, -nen
Wann fährt der nächste Zug?

Silvia Mertens studiert Mathematik und Englisch an der Universität Göttingen. In den Semesterferien arbeitet sie bei der Bahnhofsauskunft. Jetzt spricht sie mit Kunden.

KUNDE 1: Wann fährt der nächste Zug nach Hamburg bitte?
SILVIA: Um 7 Uhr 10.
KUNDE 1: Vielen Dank.
SILVIA: Bitte sehr.
KUNDIN 2: Wann fährt der nächste Zug nach Frankfurt?
SILVIA: Um 20 Uhr.
KUNDIN 2: Danke.
SILVIA: Der Nächste bitte!
KUNDIN 3: Wann fährt der nächste Zug nach München?
SILVIA: Um 15.24 Uhr
KUNDIN 3: Wie bitte? Wann fährt der Zug?
SILVIA: Um 15.24 Uhr.
KUNDE 4: Entschuldigen Sie. Fährt heute ein Zug nach Düsseldorf?
SILVIA: Ja, um 13.15 Uhr und um 22 Uhr.
KUNDE 4: Vielen Dank.
KUNDE 5: Wann fährt ein Zug nach Stuttgart?
SILVIA: Um 16.05 Uhr.
KUNDE 5: Danke schön.

F. Biographische Information

NEUE VOKABELN

der Anfänger, - / die Anfängerin, -nen
schicken

Willi Schuster will einen Tanzkurs machen und ruft die Tanzschule Gollan in Dresden an.

FRAU GOLLAN: Tanzschule Gollan.
WILLI: Guten Tag, mein Name ist Willi Schuster. Haben Sie noch einen Platz in Ihrem Kurs für Anfänger?
FRAU GOLLAN: In dem Kurs für Anfänger? Hm, einen Moment . . . Ja, da gibt es noch Plätze.
WILLI: Und wann ist der Kurs?
FRAU GOLLAN: Jeden Mittwoch von 8 bis 10. Aber wir haben auch noch andere Kurse. Flamenco, Rock 'n' Roll, Salsa . . .
WILLI: Haben Sie vielleicht eine Liste mit allen Kursen?
FRAU GOLLAN: Natürlich. Ich schicke Sie Ihnen gerne. Wie ist Ihre Adresse bitte?
WILLI: Luisenstraße 11, 41 Dresden 2, 736632. Und vielen Dank . . . Ach Moment, wie ist denn Ihre Adresse?
FRAU GOLLAN: Sandstraße 21, gleich hinter dem Theater.
WILLI: Gut, vielleicht komme ich am Mittwoch.
FRAU GOLLAN: Schön. Bis Mittwoch dann. Auf Wiederhören.
WILLI: Auf Wiederhören.

Rollenspiel

IM AUSLANDSAMT

ANGESTELLTER:	Guten Tag. Kann ich Ihnen helfen?
STUDENTIN:	Ja, guten Tag. Mein Name ist Sarah Neyer. Ich möchte gern ein Jahr im Ausland studieren. Haben Sie Informationen über ein Auslandsstipendium?
ANGESTELLTER:	Wo möchten Sie denn gerne studieren?
STUDENTIN:	In Österreich.
ANGESTELLTER:	Und was studieren Sie hier?
STUDENTIN:	Chemie, im dritten Semester.
ANGESTELLTER:	Und wie alt sind Sie?
STUDENTIN:	23.
ANGESTELLTER:	Ja, da haben wir was. Kann ich Ihnen die Information mit der Post schicken?
STUDENTIN:	Ja, natürlich.
ANGESTELLTER:	Und wie ist Ihre Adresse?
STUDENTIN:	Felsenstraße 87, 4000 Düsseldorf.
ANGESTELLTER:	Kann ich bitte auch Ihre Telfonnummer haben?
STUDENTIN:	0211-3742788
ANGESTELLTER:	Gut, danke. Wir schicken Ihnen die Information für Stipendien in Österreich.
STUDENTIN:	Vielen Dank. Auf Wiedersehen.
ANGESTELLTER:	Auf Wiedersehen und viel Glück.

Aussprache und Orthographie

PRONOUNCING AND WRITING GERMAN: PRELIMINARIES

The following preliminary rules will help you pronounce German words. They will be especially useful if you need to pronounce a word you have not yet heard. Each rule will be explained in more detail in the **Aussprache** (*pronunciation*) and **Orthographie** (*spelling*) exercises in subsequent chapters of the **Arbeitsbuch**.

AUSSPRACHE

I. Vowels and diphthongs

The German vowels are **a, e, i, o, u, ä, ö,** and **ü.** Each of these vowels (except **ä**) has a short and a long variant: "long" vowels have a closed, sustained sound, as in **Uni**, whereas "short" vowels are pronounced with the mouth more open: **um.** The distinguishing feature of German vowels is that they are "pure" vowels, which means they do not "glide off" into other vowel sounds, as many English vowels do, but retain the same sound throughout. Compare the **a** sound in German **heben** and English *day*: **heben,** *day*.

a	Tag
e	setzen
i	Gesicht
o	Rock
u	jung
ä	trägt
ö	öffnen
ü	hübsch

The three German diphthongs are **au, ei/ai,** and **eu/äu.** There is no difference in pronunciation between **ei** and **ai,** or between **eu** and **äu.**

au	**Auge**
ei	**heißen**
ai	**Mai**
eu	**Freund**
äu	**läuft**

II. Consonants

The pronunciation of most German consonants is close to that of English consonants. The following rules offer approximate guidelines.

A. The pronunciation of these consonants is almost identical in German and in English.

b	**Bart**
d	**du**
f	**Foto**
g	**gehen**
h	**Hut**
k	**Kind**
l	**lang**
m	**mein**
n	**nein**
p	**Pilsner**
t	**Tennis**
x	**Text**

B. The sounds of the following German consonants are almost identical to sounds in English that are represented by different letters.

j	**jung**
v	**vier**
w	**wie**

C. The following letters or letter combinations are almost identical to sounds in English that are represented by different letters or letter combinations.

c	**Celle**
qu	**Quelle**
s	**Sonne**
ß	**heißen**
sch	**schreiben**
z	**zehn**

D. These German consonants have no close or exact English equivalents.

ch	**lachen**
r	**rot**

ORTHOGRAPHIE

Groß- und Kleinschreibung

In German, all nouns are capitalized, not just proper names as in English. Words other than nouns—verbs, adjectives, pronouns, and so on—are not capitalized unless they begin a sentence.

Listen to and then write the nouns you hear next to their English equivalents. Make sure each German noun starts with a capital letter.

1. Auto   2. Tisch   3. Winter   4. Arm   5. Lampe

KAPITEL 2

HÖRVERSTÄNDNIS

Dialoge aus dem Text

A. Stefan zieht ins Studentenheim. Katrin trifft Stefan im Möbelgeschäft.

KATRIN: Hallo, Stefan. Was machst du denn hier?
STEFAN: Ach, ich brauche noch ein paar Sachen. Morgen ziehe ich ins Studentenheim.
KATRIN: Was brauchst du denn?
STEFAN: Ach, alles Mögliche.
KATRIN: Was hast du denn schon?
STEFAN: Ich habe einen Schlafsack, eine Gitarre und . . . und . . . und einen Wecker.
KATRIN: Das ist aber nicht viel. Wieviel Geld hast du denn?
STEFAN: So 30 Dollar.
KATRIN: Ich glaube, du bist im falschen Geschäft. Der Flohmarkt ist viel besser für dich.
STEFAN: Ja, vielleicht hast du recht.

B. Ein Geschenk für Josef. Melanie trifft Claire in der Mensa.

MELANIE: Josef hat nächsten Donnerstag Geburtstag.
CLAIRE: Wirklich? Dann brauche ich ja noch ein Geschenk für ihn. Mensch, das ist schwierig. Hat er denn Hobbies?
MELANIE: Er spielt Gitarre und hört gern Musik.
CLAIRE: Hast du schon ein Geschenk?
MELANIE: Ich möchte ein Songbuch kaufen. Aber es ist ziemlich teuer. Kaufen wir es zusammen?
CLAIRE: Ja, klar. Welche Art Musik hat er denn gern?
MELANIE: Ich glaube, Soft Rock und Oldies. Simon and Garfunkel, Cat Stevens und so.

C. Was machst du heute abend?

1. Willi trifft Sofie vor der Bibliothek der Universität Dresden.

WILLI: Was machst du heute abend?
SOFIE: Ich weiß noch nicht. Was machst du denn?
WILLI: Ich weiß auch noch nicht.
SOFIE: Also . . . bei Rudi ist ein Fest. Hast du Lust?
WILLI: Rudi? Ach nee, seine Feste sind immer langweilig.
SOFIE: Aber, Willi, wenn wir auf ein Fest gehen, ist es nie langweilig!

2. Claire spricht mit Melanie am Telefon.

CLAIRE: Ihr geht ins Kino? Was läuft denn?
MELANIE: „Männer" von Doris Dörrie.
CLAIRE: Ja? Wo denn?
MELANIE: Im Gloria.
CLAIRE: Und wann?

MELANIE: Um halb neun.
CLAIRE: Da komme ich mit.

Weitere Hörtexte

A. Besitz. Alexanders Zimmer

NEUE VOKABELN
die Stereoanlage

Hören Sie gut zu. Alexander beschreibt sein Zimmer im Studentenheim.

Hallo, ich heiße Alexander und studiere Physik an der Universität in Freiburg. Ich bin im ersten Semester und wohne in einem Studentenwohnheim. Die Zimmer im Studentenwohnheim sind alle ziemlich klein. Alle haben ein Bett, einen Schreibtisch, einen Schrank für Kleidung und ein Regal. Ich habe noch eine Lampe für den Schreibtisch und natürlich auch viele Bücher. Ich höre gern Musik, und ich habe eine Stereoanlage. Ich möchte gern noch einen CD-Spieler kaufen, aber das ist im Moment zu teuer. Mein kleines Radio ist auch ein Wecker. Morgen stehe ich um 8 Uhr auf und gehe in die Stadt. Vielleicht finde ich ein paar schöne Poster für mein Zimmer.

B. Geschenke. Frau Schulz spricht mit den Studenten im Deutschkurs über ihre Geburtstagswünsche.

NEUE VOKABELN
bestimmt
die Allergie, -n
schade
niedlich

FRAU SCHULZ: Stefan, Sie haben doch bald Geburtstag. Was möchten Sie haben?
STEFAN: Ich möchte gern ein Buch und ein neues Hemd haben.
FRAU SCHULZ: Ein deutsches Buch?
STEFAN: Nein, ein englisches . . . ein deutsches Buch vielleicht nächstes Jahr.
FRAU SCHULZ: Ja, nächstes Jahr lesen Sie bestimmt deutsche Bücher. Nora, was möchten Sie denn gern haben?
NORA: Eine kleine Katze, aber ich kann keine Tiere in meiner Wohnung haben. Ich habe Allergien.
FRAU SCHULZ: Ach, das ist schade. Kleine Katzen sind so niedlich. Und was möchten Sie, Monika?
MONIKA: Ich möchte ein neues Fahrrad haben.
FRAU SCHULZ: Ach ja, Sie sind ja so sportlich, also ein Fahrrad. . . . Albert, ich glaube, ich weiß, was Sie haben möchten . . .
ALBERT: Was denn?
FRAU SCHULZ: Einen neuen Wecker, dann kommen Sie vielleicht nicht mehr so oft zu spät!

C. Totalausverkauf im Kaufpalast

NEUE VOKABELN
Aufgepaßt!
die Elektroabteilung
die Größe, -n
die Gartengeräte (*pl.*)
Greifen Sie zu!

Sie hören Werbung für den Ausverkauf im Kaufpalast.

Liebe Kunden, aufgepaßt, aufgepaßt! Jetzt alles zum halben Preis.

In unserer Elektroabteilung finden Sie Plattenspieler, Farbfernseher, Kassettenrecorder, Videorecorder, Toaster und Kaffeemaschinen. Neue Modelle, moderne Technik zum halben Preis.

In unserer Schmuckabteilung finden Sie Ketten und Ringe aus Gold und Silber, Armbänder und Ohrringe in modernem Design.

In unserer Schuhabteilung finden Sie die neuen Winterstiefel, Damen-, Herren- und Kinderschuhe in allen Größen und vielen Farben.

Unsere hobbyabteilung, ein Paradies für alle, die gern aktiv sind: Zelte, Campingtische und Campingstühle, Fahrräder, Rollschuhe, Skier, Grillsets und Gartengeräte.

Greifen Sie zu! Kaufpalast hat's zum halben Preis.

D. Geschmacksfragen

NEUE VOKABELN

die Lederjacke, -n
unmöglich

Jutta Ruf und ihre Mutter sind bei Karstadt, einem großen Kaufhaus. Frau Ruf möchte etwas für Jutta kaufen, aber Jutta findet nichts schön, was ihre Mutter möchte. Und was Jutta kaufen möchte, findet ihre Mutter häßlich.

JUTTA: Schau mal, Mutti. Diese Jeans ist echt toll! Und auch ziemlich billig.
FRAU RUF: Aber Jutta, diese Jeans sieht ja 20 Jahre alt aus. Einfach häßlich. Aber hier, schau mal, Jutta.
JUTTA: Ja, was denn?
FRAU RUF: Hier ist ein schöner Rock. Schwarz und lang.
JUTTA: Nee, Mutti, der ist ja langweilig. Ich möchte so gerne eine Lederjacke kaufen.
FRAU RUF: Eine Lederjacke für dich!!? Unmöglich. Komm', wir kaufen dieses schöne gelbe Kleid für dich.
JUTTA: Mein Gott, ist das häßlich . . . nee, Mutti, wirklich! Mutti, ich möchte einen Ring kaufen.
FRAU RUF: Gut, dann kaufen wir ein paar schöne Ohrringe. Vielleicht die Ohrringe da?
JUTTA: Nein, Mutti, die doch nicht. Ich möchte einen Ring für meine Nase! Aus Gold!
FRAU RUF: Jutta, du bist total verrückt.

E. Vergnügen

NEUE VOKABELN

jede Menge
bloß
der Wilde Westen

Rolf Schmitz sitzt in einem Café in Berkeley mit Sabine, einer anderen Studentin aus Deutschland. Sie sprechen über Freizeitaktivitäten in Berkeley.

ROLF: Sag mal, Sabine, ich bin ziemlich neu hier in Berkeley. Was kann man denn hier am Wochenende machen?
SABINE: Fast alles. Was machst du denn gern?
ROLF: Ich gehe gern essen oder ins Kino. Ich gehe auch gern ins Theater oder ins Museum. Ich fahre gern Fahrrad, ich gehe gern spazieren, ich lade gern Freunde ein . . .
SABINE: Moment! Moment! Du gehst gern essen. Was denn? Hier gibt es so viele Restaurants: chinesische, italienische, mexikanische, russische.
ROLF: Mein Gott, wirklich? Und Kinos, gibt es hier auch Kinos? oder Theater? und Museen?
SABINE: Na klar, jede Menge. Was denkst du denn? Wir sind doch nicht im Wilden Westen. Schau einfach in die Zeitung. Und du treibst auch gern Sport?
ROLF: Ja ich spiele gern Fußball und Volleyball, ich schwimme gern, ich segle gern . . .
SABINE: Fußball? Super, wir spielen samstagmorgens immer Fußball im Park. Möchtest du mitspielen?
ROLF: Ja, gerne. Wann spielt ihr denn?
SABINE: Um 10 Uhr. Sollen wir uns um viertel vor 10 hier treffen? Dann gehen wir zusammen zum Park.
ROLF: Super! Dann sehen wir uns am Samstag hier um viertel vor 10.

Rollenspiel

AM TELEFON

(Das Telefon klingelt)

ILONA: Müller.

ANDREAS: Hallo Ilona, hier ist Andreas.

ILONA: Andreas! Wie geht's dir denn?

ANDREAS: Ausgezeichnet. Ich habe morgen Geburtstag, und wir machen eine Party bei mir. Ich möchte dich gerne dazu einladen. Kannst du kommen?

ILONA: Hm, wann denn?

ANDREAS: Am Samstag, so gegen acht.

ILONA: Eigentlich muß ich ja lernen. Am Montag habe ich ein Französischexamen, aber . . .

ANDREAS: Mensch, komm doch, nur für eine Stunde oder so.

ILONA: Warum nicht? Klar. Wo wohnst du denn jetzt?

ANDREAS: Direkt an der Uni, Lotharstraße 10. Das ist ein kleines weißes Haus.

ILONA: Lotharstraße 10, weißes Haus. Alles klar. Ich komme. Du, Andreas, sag mal . . .

ANDREAS: Ja?

ILONA: Wer kommt denn noch am Samstag?

ANDREAS: Uli kommt, Karin, Alexander, Stefan, Susanne kommt glaube ich auch.

ILONA: Kannst du deinen Freund Bernd auch einladen?

ANDREAS: Aha! . . . Bernd also . . . Na klar, Bernd kommt auch . . .

ILONA: Toll. Na dann bis Samstag. Tschüs. Mach's gut.

ANDREAS: Ja, du auch. Tschüs.

Aussprache und Orthographie

AUSSPRACHE (1. Teil)

Umlaut

A. ä, ö, ü are called *umlauted vowels*. The sounds of these vowels differ considerably from their counterparts without the umlaut: a, o, u. Listen to the regular vowel sounds and the umlauted vowel sounds in the following words.

a	Tafel, Nase, Haar, tragen, Vater
ä	trägt, Mädchen, Väter, Männer, Schwämme
o	Boden, Ohr, wohnen, Sohn, Oktober
ö	fröhlich, schön, nervös, hören, Röder
u	Stuhl, Uhr, Fuß, Juni, Juli
ü	Stühle, schüchtern, Tür, kühl, Frühling

B. As you listen to the tape, concentrate on the change in the vowel sound as the umlaut is added.

a → ä	tragen, trägt; Vater, Väter; Mann, Männer
o → ö	Boden, Böden; Sohn, Söhne; schon, schön
u → ü	Stuhl, Stühle; Fuß, Füße; Buch, Bücher

C. Listen to and then repeat the following words. Try to imitate the German speaker as closely as possible. (*Hint:* When German speakers produce ö-sounds and ü-sounds, they look as if they are whistling with their lips rounded.)

ä	Väter, Mädchen, trägt, Männer, Schwämme
ö	schön, Böden, Söhne, nervös, hören
ü	Füße, schüchtern, Stühle, kühl, Tür

ORTHOGRAPHIE

A. Listen and write the words you hear with the umlauted vowel **ä**.

1. Hände 2. Wände 3. zählen 4. Männer 5. trägt 6. Väter

B. Listen and write the words you hear with the regular vowel **a**.

1. Nase 2. Name 3. Mann 4. tragen 5. Zahl 6. aber

C. Listen and write the words you hear with the umlauted vowel **ö**.

1. schön 2. hören 3. Töchter 4. Söhne 5. öffnen 6. möchten

D. Listen and write the words you hear with the regular vowel **o**.

1. schon 2. Sohn 3. groß 4. Wort 5. kommen 6. Ohr

E. Listen and write the words you hear with the umlauted vowel **ü**.

1. fünf 2. Tür 3. natürlich 4. Bücher 5. Brüder 6. Füße

F. Listen and write the words you hear with the regular vowel **u**.

1. kurz 2. Bluse 3. Stuhl 4. Buch 5. Bruder 6. Mund

AUSSPRACHE (2. Teil)

Diphthonge

A. There are three diphthongs (combinations of two vowel sounds) in German: **ei** (also spelled **ai** or **ey**), **au**, and **eu** (also spelled **äu**). They roughly correspond to English *i* (*sigh*), *ou* (*house*), and *oy* (*boy*). Listen to the diphthongs in the following words.

ei/ai/ey	Kreide, Bein, schneit, Mai, Speyer
au	sauber, Bauch, traurig, August, Auto
eu/äu	Deutsch, Freund, Fräulein, neun, läuft

B. Listen to and then repeat the following words.

ei/ai	eins, heißen, Mai, klein, Bleistift
au	blau, laufen, Augen, Frau, schauen
eu/äu	Deutsch, Leute, Freundin, neun, läuft

C. Now listen to and repeat the following sentences.

1. Im Mai ist es oft heiß.
2. Heidi hat einen weißen Bleistift.
3. Claudia hat blaue Augen.
4. Das Auto ist sauber.
5. Meine Freunde studieren Deutsch.
6. Noras neuer Freund kommt heute.

ORTHOGRAPHIE

A. Listen and write only the words with the diphthong **ei**.

1. mein 2. klein 3. teuer 4. läufst 5. verheiratet 6. unterschreiben

B. Listen and write only the words with the diphthong **eu**.

    1. Haus 2. neu 3. Deutsch 4. schreiben 5. kaufen 6. heute

C. Listen and write only the words with the diphthong **äu**.

    1. Fräulein 2. läuft 3. Auto 4. teuer

D. Listen and write only the words with the diphthong **au**.

    1. Freund 2. Auto 3. arbeiten 4. kaufen 5. Frau 6. läufst

KAPITEL 3

HÖRVERSTÄNDNIS

Dialoge aus dem Text

A. Rolf trifft Katrin in der Cafeteria.

ROLF: Hallo, Katrin, ist bei dir noch frei?
KATRIN: Ja, klar.
ROLF: Ich hoffe, ich störe dich nicht beim Lernen.
KATRIN: Nein, ich muß auch mal Pause machen.
ROLF: Was machst du denn?
KATRIN: Wir haben morgen eine Prüfung, und ich muß noch das Arbeitsbuch machen.
ROLF: Müßt ihr viel für euren Kurs arbeiten?
KATRIN: Ja, ganz schön viel. Heute abend kann ich bestimmt nicht fernsehen, weil ich so viel lernen muß.
ROLF: Ich glaube, ich störe dich nicht länger. Viel Glück in der Prüfung.
KATRIN: Danke, Tschüs.

B. Heidi sucht einen Platz in der Cafeteria.

HEIDI: Entschuldigung, ist hier noch frei?
STEFAN: Ja, sicher.
HEIDI: Danke.
STEFAN: Du, kennen wir uns nicht?
HEIDI: Ja, ich glaube schon. Bist du nicht auch im Deutschkurs um 9 Uhr?
STEFAN: Na, klar. Jetzt weiß ich's wieder. Du heißt Stefanie, nicht wahr?
HEIDI: Nein, ich heiße Heidi.
STEFAN: Ach ja, richtig . . . Heidi. Ich heiße Stefan.
HEIDI: Woher kommst du eigentlich, Stefan?
STEFAN: Aus Iowa City, und du?
HEIDI: Ich bin aus Berkeley.
STEFAN: Und was studierst du?
HEIDI: Ich weiß noch nicht. Vielleicht Sport, vielleicht Geschichte oder vielleicht Deutsch.
STEFAN: Ich studiere auch Deutsch. Deutsch und Wirtschaft. Ich möchte in Deutschland bei einer amerikanischen Firma arbeiten.
HEIDI: Toll! Da verdienst du sicherlich viel Geld.
STEFAN: Na, hoffentlich.

Weitere Hörtexte

A. Hobbies

NEUE VOKABELN
der Knoblauch

Frau Schulz spricht mit den Studenten über ihre Hobbies.

FRAU SCHULZ: Ihr Pullover ist so schön, Monika. Stricken Sie Ihre Pullover selbst?
MONIKA: Nein, ich kann leider nicht stricken. Für so einen Pullover würde ich bestimmt ein Jahr brauchen. Ich gehe lieber in eine Boutique und kaufe Pullover.
FRAU SCHULZ: Ja, ich auch, aber das ist so teuer . . . Na ja! Peter, können Sie stricken?
PETER: Nee, stricken kann ich nicht, aber windsurfen kann ich gut. Ich bin sogar Champion im Windsurfen.
FRAU SCHULZ: Toll, toll. Und Nora, was können Sie gut?
NORA: Ich, also, ich kann gut Gitarre spielen und spiele in einer Band.
FRAU SCHULZ: Das wird ja immer besser. Wer kann denn gut kochen? Stefan?
STEFAN: Ja, ich kann gut kochen, glaube ich. Ich koche jedenfalls gerne und mit viel Knoblauch.
FRAU SCHULZ: Fantastisch. Wir können ja morgen alle an den Strand gehen. Stefan kann für uns kochen, Nora kann Gitarre spielen, und dann . . .
PETER: Aber keine Gruppenaktivitäten bei dem Knoblauch . . .

B. Pläne

NEUE VOKABELN

genießen
die „Ente"

Jürgen Baumann erzählt seinem Freund Hans, was er für seine Ferien plant.

Also, zuerst muß ich noch zwei Monate arbeiten und einen Italienischkurs machen. Aber dann will ich acht Wochen Ferien machen. Ich möchte gerne mit Silvia nach Italien fahren. Wir wollen zelten. Silvia kann ganz gut italienisch und ich, na ja, ich kann ganz gut kochen und kann natürlich auch gut Wein trinken. Wir wollen morgen ein Auto kaufen, eine „Ente". Dann können wir mit offenem Dach fahren und beim Fahren schon die Sonne genießen. Silvias Vater will uns ein Radio fürs Auto geben, und Silvias Freundin Stefanie hat ein Zelt. Italien, Sonne, Musik, dolce vita . . .

C. Pflichten. Ernst Wagner möchte einen Hund.

NEUE VOKABELN

füttern
der Spinat
kämmen
die Eisdiele, -n
mitnehmen

Ernst spricht mit seiner Mutter. Er fragt, ob er einen Hund haben darf.

ERNST: Du Mama, ich möchte so gern einen Hund haben. Einen großen mit langen Ohren.
FRAU WAGNER: Einen Hund? Willst du ihn denn auch immer füttern?
ERNST: Na klar. Er kann den Spinat haben, den ich immer essen muß.
FRAU WAGNER: Also Hunde dürfen eigentlich keinen Spinat haben. Aber du mußt auch jeden Tag mit dem Hund in den Park gehen. Und du mußt ihn jeden Tag kämmen.
ERNST: Klar, ich will alles machen.
FRAU WAGNER: Dann mußt du aber früher nach Hause kommen. Du kannst dann nicht mehr drei Stunden nach der Schule in der Eisdiele sitzen und Eis essen.
ERNST: Kann ich den Hund denn nicht einfach mit in die Schule nehmen? Er kann ja auf dem Sportplatz laufen.
FRAU WAGNER: Ich weiß nicht, aber ich glaube, deine Lehrer würden das bestimmt nicht so toll finden.
ERNST: Aber mein Freund Hubert nimmt auch immer Felix, seinen Hamster, mit.
FRAU WAGNER: Einen Hamster. Wissen die Lehrer das?
ERNST: Nein, die Lehrer dürfen das natürlich nicht wissen.
FRAU WAGNER: Du willst also deinen Hund in die Schule mitnehmen?

ERNST: Nein, der Hund kann zu Hause bleiben. Aber ich will auch alles machen, mit dem Hund spazieren gehen, ihn kämmen, ihn füttern, mit ihm spielen . . .

FRAU WAGNER: Na gut, wir reden mal mit Papa.

D. Ach, wie nett! Frau Frisch geht durch die Stadt mit ihrer Tochter Rosemarie. Frau Frisch ist in Eile, Rosemarie aber nicht. Rosemarie will alles haben und sieht sich alle Schaufenster an.

ROSEMARIE: Oh Mutti, siehst du den blauen Mantel?

FRAU FRISCH: Welchen? Den für 250 Franken?

ROSEMARIE: Ja, den. Ist der nicht schön? Den Mantel will ich haben.

FRAU FRISCH: Ja, aber, du hast doch schon zwei Mäntel. Komm' jetzt bitte. Wir müssen jetzt schnell nach Hause.

ROSEMARIE: Ja, ja, Mutti, ich komme. . . . Ach Mutti, schau mal! Ein Musikgeschäft! Ohhh, eine Geige! Die möchte ich gerne mal spielen! Können wir sie nicht schnell kaufen?

FRAU FRISCH: Nein, erstens haben wir jetzt keine Zeit und zweitens haben wir zu Hause schon ein Klavier. Das kannst du spielen, wenn du Musik machen willst.

ROSEMARIE: Ach Mutti . . . Schau, Mutti, siehst du die schönen Äpfel? Ich möchte einen!

FRAU FRISCH: Rosemarie, wir haben Äpfel zu Hause. Komm jetzt, wir sind in Eile.

ROSEMARIE: Mutti, ich bin müde. Ich habe Durst. Können wir nicht eine Cola trinken? Bitte? Danach gehen wir direkt nach Hause.

FRAU FRISCH: Na ja, Rosemarie, okay. Ich habe auch Durst. Wir trinken ein Cola, und dann gehen wir nach Hause.

E. Der arme Herr Ruf

NEUE VOKABELN

der Kopfschmerz, -en
der Wal, -e
die Beratung, -en

Herr Ruf ist bei seiner Ärztin. Es geht ihm nicht gut.

ÄRZTIN: Guten Tag, Herr Ruf, wie geht es Ihnen?

HERR RUF: Ach, Frau Doktor, gar nicht gut. Ich bin immer so müde und habe keine Energie.

ÄRZTIN: Können Sie ihre Symptome beschreiben?

HERR RUF: Ich habe oft Kopfschmerzen, ich kann nicht schlafen und meine Beine sind so schwer.

ÄRZTIN: Rauchen Sie, Herr Ruf?

HERR RUF: Nur ein bißchen, Frau Doktor.

ÄRZTIN: Wie viele Zigaretten rauchen Sie pro Tag?

HERR RUF: Nicht mehr als zehn.

ÄRZTIN: Herr Ruf, Sie müssen mit dem Rauchen aufhören! Treiben Sie Sport, Herr Ruf?

HERR RUF: Eigentlich nicht, aber ich mache den Haushalt. Ich muß jeden Tag staubsaugen, ich muß das Geschirr spülen, ich muß einkaufen, ich muß die Fenster putzen, ich muß . . .

ÄRZTIN: *Gehen* Sie einkaufen oder nehmen Sie das Auto?

HERR RUF: Das Auto natürlich. Ich kann doch drei Liter Cola und sechs Tüten Chips nicht nach Hause tragen!!

ÄRZTIN: Vielleicht kaufen Sie weniger Cola und Chips, dann müssen Sie nicht immer das Auto nehmen und können zum Supermarkt laufen. Was machen Sie denn sonst noch, außer Hausarbeit?

HERR RUF: Ich schreibe Bücher. Im Moment einen Roman über das Liebesleben der Wale.

ÄRZTIN: Wie bitte? Das Liebesleben der Wale! Na ja! Da müssen Sie ja lange sitzen.

HERR RUF: Nicht nur das, ich mache mir auch Sorgen um mein Geld. Nicht viele Leute wollen etwas über das Liebesleben der Tiere wissen. Das Liebesleben der Menschen ist wohl interessanter . . .

ÄRZTIN: Hm, vielleicht gehen Sie mal zu einer psychologischen Beratung. Und wenn das nicht hilft, können Sie ja in drei Wochen wiederkommen.

HERR RUF: Na gut, wenn Sie das sagen.

Rollenspiel

IN DER CAFETERIA

ADRIANNA: Hallo, ist hier noch frei?

TOM: Ja.

ADRIANNA: Bist du nicht auch in dem Englischseminar von Professor Hortmann?

TOM: Stimmt.

ADRIANNA: Sag mal, du hast immer so tolle Tennisschuhe an und sprichst so gut Englisch . . . Kommst du aus Amerika?

TOM: Genau . . . aus Amerika, aus Washington, um genau zu sein . . .

ADRIANNA: Studierst du schon lange hier in Heidelberg?

TOM: Nein, dies ist mein erstes Semester. Eigentlich studiere ich Wirtschaftswissenschaften. Ich will später bei einer internationalen Firma arbeiten.

ADRIANNA: Kennst du das Nachtleben Heidelbergs schon?

TOM: Nachtleben? Was für'n Nachtleben?

ADRIANNA: Na, die Kneipen und Diskos in der Altstadt.

TOM: Nein, keine Ahnung. Wo denn?

ADRIANNA: Paß auf, ich lade dich heute abend ins Kino ein, und dann gehen wir in eine Kneipe oder vielleicht essen . . .

TOM: Hmmm, also eigentlich . . . , eigentlich muß ich arbeiten . . .

ADRIANNA: Und morgen abend? Wir können ja auch morgen gehen. Hast du morgen abend Zeit?

TOM: Morgen abend . . . muß ich auch arbeiten.

ADRIANNA: Ok, ok, du kannst mir ja deine Telefonnummer geben, dann rufe ich dich an . . .

TOM: Ich habe leider noch kein Telefon und muß jetzt auch gehen. Ich habe ein Seminar um 4 Uhr. Tschüs. Viel Spaß in der Kneipe.

Aussprache und Orthographie

AUSSPRACHE

The Vowels i/ü, e/ö

A. Although they sound very different, the sounds represented by the letters i and ü are produced in similar ways. The only difference in production between i and ü is that the lips are rounded for ü, and this changes the sound. Say i (English *ee*), hold it, and then round your lips without changing the position of your tongue.

Listen and pronounce the following word pairs. Concentrate on the change from i to ü.

spielen, spülen; Fliege, Flüge; diese, Düse

B. German vowel sounds differ slightly from English ones. Whereas English vowels tend to change their quality when pronounced long (*pay*, for example, in which long *a* almost becomes long *e* at the end of the word), German vowels do not glide off into other vowels but rather retain their initial quality.

Listen to the difference in vowel sounds between English and German. The first word of a pair you hear is an English word; the second one is a German word that has a similar but purer vowel sound.

say, See; *vain*, wen; *lame*, Lehm

C. Pronounce the following words. Concentrate on not changing the quality of the German vowel **e**.

nehmen, geht, geben, zehn, stehen, Schnee

D. The difference between **e** and **ö** is the same as that between **i** and **ü**: **ö** is the rounded version of **e**. Try producing the sound **ö**. Start by saying **e** (remember to keep the sound pure), and hold it while rounding your lips.

Pronounce the following word pairs. Concentrate on the change from **e** to **ö**.

lesen, lösen; Besen, böse; Hefe, Höfe

E. Practice the following sentences. Concentrate on the **i/ü** and the **e/ö** sounds, and remember not to glide off into other vowel sounds.

1. Jens Krügers Haus hat sieben Türen.
2. Jens übt jeden Tag Klavier.
3. Am Dienstag war seine Mutter ziemlich müde.
4. Seine Brüder waren wütend.
5. Hör auf mit dem Klavierspielen und lerne lieber für deine Französischprüfung.

ORTHOGRAPHIE

i/ü, e/ö

A. Listen and write the words you hear with the **i** sound (here spelled **ie**) and the **ü** sound.

1. spielen 2. Tür 3. müde 4. Dienstag 5. Klavier 6. spülen

B. Listen and write the words you hear with the letter **e** and the letter **ö**.

1. hören 2. gehen 3. Französisch 4. schön 5. lesen 6. Schnee

AUSSPRACHE

The Sounds *j, y*

A. The letter **j** in German represents the sound that English speakers spell with the letter *y* (*you*).

Listen to and pronounce the following words with the letter **j**.

ja, Japan, jung, jetzt, Jacke, Juni

B. The letter **y** in German appears primarily in words borrowed from Greek and is pronounced like **ü**.

Listen to and pronounce the following words with the letter **y**. Concentrate on rounding your lips.

Gymnasium, System, Psychologie, Symbol, Typ, Physik

C. Repeat the following sentences that contain words with the letters **j** and **y**.

1. Jürgen fährt jeden Tag Rad.
2. Jens geht seit sieben Jahren aufs Gymnasium.
3. Nächstes Jahr kommt Jens ins Kurssystem.
4. Ja, Jutta möchte Psychologie studieren.
5. Von Januar bis Juni gehe ich noch aufs Gymnasium, und dann studiere ich an der Uni Physik.

ORTHOGRAPHIE

A. Write the words you hear with the letter j.

1. ja   2. jedes   3. Japan   4. Juli   5. jung   6. Januar

B. Write the words you hear with the letter y. Remember, the letter **y** is most commonly found in words of Greek origin, and it is pronounced like the German letter **ü**.

1. Gymnasium   2. Psychologie   3. Lydia   4. typisch   5. sympathisch   6. Olympia

KAPITEL 4

HÖRVERSTÄNDNIS

Dialoge aus dem Text

A. Das Fest. Silvia Mertens und Jürgen Baumann sitzen in der Mensa und essen zu Mittag.

SILVIA: Ich bin furchtbar müde.
JÜRGEN: Vielleicht hast du nicht genug geschlafen?
SILVIA: Stimmt! Ich bin heute früh erst um vier Uhr nach Hause gekommen.
JÜRGEN: Wo warst du denn so lange?
SILVIA: Auf einem Fest.
JÜRGEN: Bis um 4 Uhr früh?
SILVIA: Ja, ich habe ein paar alte Freunde getroffen. Wir haben Wein getrunken, und leider habe ich auch wieder ein paar Zigaretten geraucht.
JÜRGEN: Aber du rauchst doch seit zwei Jahren nicht mehr!
SILVIA: Stimmt! Jetzt muß ich eben wieder von vorn anfangen.

B. Hausaufgaben für Deutsch. Heute ist Montag. Auf dem Schulhof des Albertus-Magnus-Gymnasiums sprechen Jens, Jutta und ihre Freundin Angelika übers Wochenende.

JENS: Na, habt ihr die Hausaufgaben für Deutsch gemacht?
JUTTA: Hausaufgaben? Haben wir in Deutsch Hausaufgaben auf?
JENS: Habt ihr das erste Kapitel von dem Roman nicht gelesen?
JUTTA: Hast du das gelesen, Angelika?
ANGELIKA: Ich habe keine Ahnung, wovon Jens spricht!
JENS: Also ihr habt es vergessen. Habt ihr denn wenigstens Mathe gemacht?
ANGELIKA: Wir haben es probiert, aber die Aufgaben waren zu schwer. Da haben wir aufgehört.
JENS: Was habt ihr denn übers Wochenende überhaupt gemacht?
ANGELIKA: Eigentlich eine ganze Menge. Ich habe Musik gehört und gestrickt.
JENS: Das ist aber nicht viel.
ANGELIKA: Doch! Und am Samstagabend haben Jutta und ich über alles Mögliche gesprochen und ferngesehen.
JUTTA: Ich bin am Sonntag mit meinen Eltern und Hans spazierengegangen. Wir waren an der Isar und haben ein Picknick gemacht.
JENS: Kein Wunder, daß ihr keine Zeit für Hausaufgaben hattet!

C. Welcher Tag ist heute? Marta Szerwinski und Sofie Pracht sitzen in einem Café in Dresden.

SOFIE: Welcher Tag ist heute?
MARTA: Montag.
SOFIE: Nein, welches Datum?
MARTA: Ach so, der dreißigste.
SOFIE: Mensch, heute ist Willis Geburtstag! Er hat am dreißigsten Geburtstag.
MARTA: Wirklich? Ich dachte, er hat im August Geburtstag.
SOFIE: Nein, Christian hat im August Geburtstag, aber Willi im Mai.

MARTA: Hast du denn schon ein Geschenk?
SOFIE: Das ist es ja! Ich muß gleich noch ein Geschenk kaufen.
MARTA: Na, dann viel Glück!

Weitere Hörtexte

A. Jutta hatte einen schweren Tag.

NEUE VOKABELN
blöd
das Klassenfest, -
versprechen

Heute hören wir Jutta am Telefon. Sie ruft gerade ihre Freundin Angelika an. Der Tag war nicht leicht für Jutta.

Hallo, Angelika. Das war vielleicht ein Tag! Meine Mutter ist wütend, weil ich meine Hausaufgaben nicht gemacht habe. Mein Vater ist wütend, weil ich gestern abend im Kino war. Mein Bruder Hans hat mein ganzes teures Shampoo benutzt. Die blöde Katze hat meinen neuen Pullover ruiniert, und mein Freund Billy hat auch noch nicht angerufen. Vielleicht ist er auch wütend. Aber der dicke, schüchterne Junge aus dem Tanzkurs hat schon zweimal angerufen. Er will mit mir zum Klassenfest gehen. Aber ich habe Billy versprochen, mit ihm zum Klassenfest zu gehen. Und jetzt habe ich auch nichts anzuziehen, denn die blöde Katze hat ja meinen neuen Pullover ruiniert. Das war ein schrecklicher Tag.

B. Erlebnisse

NEUE VOKABELN
Du Ärmste/r!
das Referat

Es ist Montagmorgen in Regensburg, und Melanie Staiger spricht mit Jochen, einem anderen Studenten.

JOCHEN: Hallo, Melanie.
MELANIE: Hallo, Jochen.
JOCHEN: Wie war dein Wochenende?
MELANIE: Fantastisch. Ich bin am Samstag mit ein paar Freunden zum Waldsee gefahren.
JOCHEN: Da war ich auch schon einmal. Wie war's denn?
MELANIE: Einfach toll. Das Wasser war warm, und wir sind viel geschwommen. Wir haben viel gegessen und gelacht. Was hast du denn so gemacht?
JOCHEN: Ich habe leider das ganze Wochenende gearbeitet.
MELANIE: Du Ärmster, warum das denn? Was hattest du denn alles zu tun?
JOCHEN: Am Samstag habe ich zuerst eingekauft und dann habe ich an einem Referat für Kunstgeschichte gearbeitet.
MELANIE: Und am Sonntag?
JOCHEN: Am Sonntag habe ich für meinen Französischkurs gelernt und dann das Referat fertig gemacht.
MELANIE: Ist ja furchtbar.
JOCHEN: Na ja. Sag mal, wann mußt du denn dein Geschichtsreferat halten?
MELANIE: Ah . . . morgen. Und ich habe noch nichts gemacht!
JOCHEN: Na dann viel Spaß für heute Nacht.
MELANIE: Vielen Dank!

C. Ein Informationsspiel

NEUE VOKABELN

keine Ahnung
die Röntgenstrahlen
die Glühbirne

Es ist Dienstagabend. Ernst Wagner und sein Vater machen ein Spiel.

ERNST: Ok, Vati, wer hat was erfunden, und wann? Wer hat das Auto erfunden?
HERR W: Keine Ahnung, weiß ich nicht. Vielleicht Herr Merzedes?
ERNST: Nein, Herr Benz natürlich. Und wann?
HERR W: Am 21. September, 1989.
ERNST: Nein, sei doch nicht so blöd! 1893! Und wer hat die Röntgenstrahlen entdeckt?
HERR W: Na, das ist leicht! Herr Röntgen, natürlich.
ERNST: Richtig! Und wann, Vati?
HERR W: Im Sommer.
ERNST: Vati!
HERR W: Um Mitternacht?
ERNST: Mit dir macht es wirklich keinen Spaß zu spielen!
HERR W: Ich weiß es doch nicht.
ERNST: 1895.
HERR W: Ok, du hast gewonnen. Aber ich habe auch eine Frage an dich. Wann gehst du denn so normalerweise ins Bett?
ERNST: Um Mitternacht.
HERR W: Seit wann denn das? Ich glaube, es war immer um 8. Und jetzt ist es halb 9.
ERNST: Alles klar, ich gehe ja schon . . . Aber . . . wer hat denn die Glühbirne erfunden?
HERR W: Ernst . . . !

D. Stefan weiß mehr, als er glaubt.

NEUE VOKABELN

verstehen

Stefan ist im Büro von Frau Schulz.

STEFAN: Guten Tag, Frau Schulz. Haben Sie einen Moment Zeit?
FRAU SCHULZ: Natürlich. Was gibt's denn?
STEFAN: Ich habe das letzte Kapitel im Deutschbuch nicht verstanden.
FRAU SCHULZ: Was haben Sie denn nicht verstanden? Haben Sie das ganze Kapitel gelesen?
STEFAN: Klar. Ich lese immer das ganze Kapitel.
FRAU SCHULZ: Und haben Sie auch die Übungen gemacht?
STEFAN: Ja, also . . . nein. Ich hatte nicht soviel Zeit. Ich habe noch für meinen Englischkurs gearbeitet, einen ganzen Roman gelesen, Physikaufgaben gemacht und für eine Klausur in Kunst gelernt.
FRAU SCHULZ: Stefan, Sie brauchen einen Tag mit 30 Stunden. Was haben Sie denn nun nicht verstanden?
STEFAN: Das Perfekt.
FRAU SCHULZ: Also, das Perfekt benutzt man, wenn man über die Vergangenheit spricht. Zum Beispiel: Als ich ein Kind war, habe ich mit meinen Freundinnen gespielt. Zum Geburtstag habe ich eine kleine Katze bekommen.
STEFAN: Eine Katze habe ich mir auch immer gewünscht. Leider habe ich nie eine bekommen. Aber ich habe manchmal meine Großeltern besucht. Sie hatten einen Hund und zwei Katzen.
FRAU SCHULZ: Stefan, Sie benutzen das Perfekt ganz perfekt!

E. Ein schöner Urlaub. Melanie Staiger beschreibt ihren letzten Sommerurlaub.

Letzten Sommer habe ich endlich einmal einen schönen Urlaub gemacht. Ich habe während des Semesters viel gearbeitet. Daher hatte ich genug Geld und hatte im Sommer Zeit. Ich bin hier in Regensburg geblieben. Ich habe jeden Tag gejoggt und geschwommen und habe oft Freunde besucht. Wir sind zusammen an den See gefahren, haben in der Sonne gelegen und Volleyball gespielt. Manchmal haben wir abends zusammen gekocht oder sind essen gegangen. Ich habe viel geschlafen und viele Romane gelesen. Zwei- bis dreimal in der Woche bin ich ins Kino gegangen. Es war einfach schön.

Rollenspiel

REPORTERIN:	Guten Tag. Ich mache ein Interview zum Thema „Studentenleben in den USA". Darf ich Ihnen ein paar Fragen stellen?
STUDENT:	Ja, gerne.
REPORTERIN:	Arbeiten Sie am Wochenende auch in der Uni?
STUDENT:	Nein, am Wochenende ist hier nichts los.
REPORTERIN:	Was haben Sie denn gestern morgen gemacht?
STUDENT:	Gestern? Eigentlich nicht viel. Normalerweise frühstücke ich in der Mensa, aber gestern bin ich zu spät aufgestanden. Ich habe nur schnell einen Kaffee getrunken, und bin direkt ins Seminar gegangen.
REPORTERIN:	Ist das ein typischer Vormittag für einen Studenten?
STUDENT:	Wer weiß? Vielleicht! Was ist denn eigentlich ein typischer Morgen für Sie?
REPORTERIN:	Wenn Sie es genau wissen wollen, gestern bin ich zum Beispiel um 6 Uhr aufgestanden, habe um halb sieben gefrühstückt und habe bis 2 Interviews mit Studenten gemacht.
STUDENT:	Stehen Sie normalerweise so früh auf?
REPORTERIN:	Ja, eigentlich ist das ganz typisch für eine Reporterin. Vielleicht darf ich Sie jetzt fragen, was Sie gestern nachmittag gemacht haben?
STUDENT:	Ich habe . . .

Aussprache und Orthographie

AUSSPRACHE (1. Teil)

The consonants *v/f*, *w*

A. In German, the letters **v** and **f** are pronounced like the English letter *f* (*fish*).

Repeat the following words. Make sure you produce an *f*-sound in each of them.

> **v/f**   Freitag, vier, fünf, vielleicht, verheiratet, Februar, Vorname, Viertel

B. The German letter **w** sounds like the English letter *v*. Repeat the words that have the letter **w**.

> **w**   wann, Krawatte, Wohnort, wie, schwarz, wo, Wort, weiß

C. Repeat the following word pairs. Concentrate on the way the letters **v/f** and **w** are pronounced.

> **v/f - w**   vier, wir; vor, wo; viel, wie; fährt, wer

D. Now repeat the following sentences containing words with **w** and **v**.

1. Wo wohnst du?
2. Wie ist Ihr Vorname?
3. Wie ist das Wetter, wo du wohnst?
4. Vielleicht komme ich um Viertel vor vier bei dir vorbei.
5. Wie viele Geschwister haben Sie, vier oder fünf?

ORTHOGRAPHIE

A. Write the words you hear with the letter **v**. Don't forget to capitalize the nouns.

1. von 2. viel 3. Vergnügen 4. Vorlesung 5. Viertel 6. vergessen

B. Write the words you hear with the letter **w**.

1. Wein 2. was 3. Wäsche 4. Schweiz 5. Woche 6. Schwester

AUSSPRACHE (2. Teil)

The Consonants *z, s, ß*

A. The letter **z** in German is pronounced like the letter combination *ts* in English (*nuts*).

Listen to and then pronounce the following words with the letter **z**, using a *ts* sound.

vierzehn, Anzug, Kennzeichen, tanzen, kurz, zehn, zwei, zu

B. The letter **s** represents *two* distinct sounds: when it is the first and only letter before a vowel, or when it is between two vowels, then it is pronounced like the English letter *z* (*zeal*).

Listen to and then pronounce the following words that have the letter **s** in front of a vowel, using a *z* sound.

sieben, Semester, Sonntag, sie, Sommer, Nase, lesen, rosa

When the letter **s** is not in front of a vowel, or when it is doubled, it is pronounced like the English letter *s* (*seal*). The letter **eß-tsett** (**ß**) is pronounced like **double s** (**ss**).

Listen to and then pronounce the following words with the letters **s**, **ss**, and **ß**, using an *s* sound.

groß, Ausweis, Russisch, Adresse, schließen, Tschüs

C. Repeat the following sentences. Concentrate on the correct pronunciation of **z**, **s**, and **ß**.

1. Setzen Sie sich.
2. Im Sommer ist es im Süden oft heiß.
3. Haben Sie besondere Kennzeichen?
4. Jean ist Franzose und studiert Soziologie.
5. Stehen Sie auf und tanzen Sie.
6. Hören Sie gut zu, Frau Schulz.

ORTHOGRAPHIE

s, z

The letter **s** in front of a vowel is pronounced like the English letter *z*; the German letter **z** is pronounced like the English combination *ts*.

A. Write the words you hear with the letter **s**.

1. Sonne 2. Seminar 3. lesen 4. sie 5. segeln 6. sehr

B. Write the words you hear with the letter **z**.

1. tanzen 2. Konzert 3. Pizza 4. Zeitung 5. zurück 6. Zelt

ss, ß

Both **ss** and **ß** are symbols for the *s*-sound. The **double s** appears between two vowels when the first one is short; the **ß** is used in place of **ss** in all other circumstances: at the end of words, before consonants, after diphthongs, and after long vowels.

A. Write the words you hear with **ss**.

   1. essen   2. Professor   3. Adresse   4. aggressiv   5. pessimistisch   6. Klasse

B. Now write the words you hear with **ß**.

   1. groß   2. weiß   3. heißen   4. schließen   5. Straße   6. bißchen

KAPITEL 5

HÖRVERSTÄNDNIS

Dialog aus dem Text

Richard Augenthaler bekommt im Mai seine Matura. Er weiß nicht, soll er studieren oder soll er eine Lehre beginnen? Er geht zu einer Berufsberaterin.

BERUFSBERATERIN:	Setzen Sie sich. Was kann ich für Sie tun?
RICHARD:	Ich suche einen Beruf.
BERUFSBERATERIN:	Haben Sie schon eine bestimmte Vorstellung, was Sie suchen?
RICHARD:	Nein, eigentlich nicht. Ich weiß nur, daß ich eine flexible Arbeitzeit möchte.
BERUFSBERATERIN:	Sie wollen nicht jeden Tag um 8 Uhr im Büro sein müssen.
RICHARD:	Genau. Außerdem möchte ich mindestens zwei Monate Urlaub im Jahr.
BERUFSBERATERIN:	Zwei Monate? Soso. Und wie steht's mit der Bezahlung?
RICHARD:	Ich hätte gern so 5000,-DM netto im Monat.
BERUFSBERATERIN:	5000,- DM. Nicht schlecht. Welche Schulfächer mögen Sie denn am meisten?
RICHARD:	Englisch und Französisch.
BERUFSBERATERIN:	Vielleicht sollten Sie studieren und Lehrer werden. Da haben Sie eine flexible Arbeitszeit und verdienen relativ viel Geld.

Weitere Hörtexte

A. Geschenke

NEUE VOKABELN

das Märchen, -
der Krimi, -s

Herr und Frau Wagner sind im Kaufhaus und überlegen, was sie für Weihnachtsgeschenke kaufen können.

HERR WAGNER:	Sag mal, was sollen wir denn Andrea schenken? Hast du eine Idee?
FRAU WAGNER:	Das ist einfach. Andrea kaufen wir Rollschuhe. Die wünscht sie sich schon lange.
HERR WAGNER:	Gut, kaufen wir ihr Rollschuhe. Und was wünscht Paula sich?
FRAU WAGNER:	Tja, das weiß ich auch nicht. Sie ist ja auch noch so klein. Vielleicht diese Puppe?
HERR WAGNER:	Also, die ist nun wirklich ziemlich häßlich.
FRAU WAGNER:	Eigentlich hast du recht, und außerdem haben wir ihr schon eine Puppe zum Geburtstag geschenkt. Vielleicht ein Märchenbuch?
HERR WAGNER:	Gute Idee. Dann können wir den Kindern Märchen vorlesen.
FRAU WAGNER:	Na ja, die sehen lieber fern, aber trotzdem, warum nicht? Und Ernst können wir einen neuen Fußball kaufen.
HERR WAGNER:	Aber was schenken wir deinen Eltern?
FRAU WAGNER:	Meiner Mutter habe ich einen Schal gestrickt. Aber für meinen Vater . . . das ist immer schwierig.

HERR WAGNER: Schenken wir ihm doch auch ein Buch. Was für Bücher liest er gern? Weißt du das?

FRAU WAGNER: Im Moment? Ich glaube Biographien und Autobiographien. Er interessiert sich aber auch für Literatur.

HERR WAGNER: Na dann kaufen wir ihm doch eine Biographie von Alice Schwarzer oder so.

FRAU WAGNER: Alice Schwarzer, die Feministin? Nee, also, wirklich nicht, du kennst doch meinen Vater.

B. Gefälligkeiten

NEUE VOKABELN

leihen

Jürgen fährt mit Silvia zum Skilaufen in die Alpen. Er bittet Claudia, eine andere Studentin in seiner Wohngemeinschaft, um Gefälligkeiten.

JÜRGEN: Du, Claudia, kannst du meine Blumen gießen, wenn ich weg bin?

CLAUDIA: Klar, gerne. Wie oft gießt du sie denn?

JÜRGEN: Einmal in der Woche. Und, sag mal, hast du vielleicht auch eine Skibrille?

CLAUDIA: Ja, warum?

JÜRGEN: Kannst du sie Silvia leihen? Die hat nämlich keine.

CLAUDIA: Natürlich.

JÜRGEN: Und ich brauche auch noch eine Skihose.

CLAUDIA: Meine Skihose ist dir bestimmt zu klein. Aber ich glaube, Klaus hat eine, die dir paßt. Er leiht sie dir bestimmt.

JÜRGEN: Meinst du, er tut das?

CLAUDIA: Bestimmt. Frag ihn doch einfach.

C. Der neue Trend: „Kombi-Berufe"

NEUE VOKABELN

die Ausbildung, -en
der Sportverein, -e
der Sportler, - / die Sportlerin, -nen
das Recht
brutto

Interessieren Sie sich für Sport und Medizin, Technik und Kunst oder Sprachen und Wirtschaft? Jetzt gibt es die neuen „Kombi-Ausbildungen". Hier ein Beispiel: Sport-Ökonom oder Sport-Ökonomin.

Es gibt in der Bundesrepublik 40 Millionen organisierte Sportler und Hobbysportler. Man sucht immer mehr Sportmanager und -managerinnen, die bei Sportartikelfirmen, Sportvereinen und in Freizeit- und Fitnesscentern arbeiten. Deshalb kann man jetzt an der Universität Bayreuth Sport-Ökonomie studieren. Neben Sport stehen dort Wirtschaft, Recht und Fremdsprachen auf dem Stundenplan. Wenn Sie Geschäftsführer bei einem großen Sportverein werden, verdienen Sie im Anfang zwischen 3500 und 4000 DM brutto im Monat.

D. Berufberaten

NEUE VOKABELN

Sie sind dran.
das Rathaus, ̈er
der Schauspieler, -

Frau Schulz und ihre Klasse machen ein Ratespiel. Ein Student / Eine Studentin sagt, wo er/sie arbeiten möchte, und die anderen raten, was er/sie werden will.

FRAU SCHULZ: Stefan, Sie sind dran.
STEFAN: Ich möchte in einer Schule arbeiten.
HEIDI: Du willst Lehrer werden!
STEFAN: Richtig!
FRAU SCHULZ: Sie haben es geraten, Heidi, das heißt, Sie sind jetzt dran.
HEIDI: Ich möchte gern in einem Krankenhaus arbeiten.
ALBERT: Du möchtest Krankenschwester werden?
HEIDI: Nein.
PETER: Möchtest du Ärztin werden?
HEIDI: Ja, richtig, ich möchte Ärztin werden. Das heißt, Peter ist dran, richtig, Frau Schulz?
FRAU SCHULZ: Ja, richtig. Peter?
PETER: Ich möchte im Rathaus arbeiten—nein, ich möchte an einer Universität arbeiten. Nein, nein, ich möchte in einem Büro arbeiten . . . oder . . . ? Vielleicht doch lieber am Theater.
HEIDI: Geh' doch nach Hollywood, da kannst du alle Berufe im Film spielen, die du dir vorstellen kannst!
PETER: Hollywood? Schauspieler? Nee, das will ich wirklich nicht. Bestimmt nicht.

E. Josef Bergmanns Küche

NEUE VOKABELN

das Gewürz, -e
der Haken, -
hintere
vordere

Josef hat sehr gern Gäste und kocht sehr gern. Er beschreibt, wie seine Küche aussieht.

Meine Küche ist quadratisch, nicht sehr groß, aber praktisch und gemütlich. Wenn man 'reinkommt, steht rechts in der hinteren Ecke der Kühlschrank und in der linken der Herd. Dazwischen ist das Spülbecken, unter dem Fenster. Neben dem Herd habe ich ein kleines Regal, in dem meine Gewürze stehen und die großen Messer hängen an einem Magneten. Töpfe und Pfannen hängen an Haken unter dem Gewürzregal. Ich habe nicht so viel Geld, deswegen habe ich bei Ikea viele helle Regale für mein Geschirr gekauft. Teller und Gläser stehen offen im Regal, die Tassen hängen unter dem Regal. In der vorderen linken Ecke steht mein großer Tisch. An dem sitze ich oft mit Freunden bis spät in der Nacht, und wir kochen, trinken Wein, reden und—essen.

Rollenspiel

STUDENTIN: Guten Tag.
BERUFSBERATER: Guten Tag. Bitte, setzen Sie sich. Was kann ich für Sie tun?
STUDENTIN: Ich bin bald mit dem Lehramtsstudium fertig und möchte mich nach Berufsmöglichkeiten erkundigen.
BERUFSBERATER: Welche Fächer haben Sie denn studiert?
STUDENTIN: Mein Hauptfach ist Amerikanistik und die Nebenfächer sind Germanistik und Philosophie.
BERUFSBERATER: Tja, ich fürchte, viele studieren Amerikanistik und Germanistik, und es werden im Moment keine neuen Lehrer angestellt. Haben Sie praktische Erfahrungen?
STUDENTIN: Ja. Ich habe ein halbes Jahr bei einer Zeitung als Volontär gearbeitet.
BERUFSBERATER: Haben Sie noch andere Joberfahrungen?
STUDENTIN: Ja, ich habe in den USA Deutschstunden gegeben, zwar nur privat, aber trotzdem, das war eine interessante Erfahrung.
BERUFSBERATER: Sagen Sie, was für finanzielle Vorstellungen haben Sie denn?
STUDENTIN: Darüber habe ich mir eigentlich noch keine Gedanken gemacht.
BERUFSBERATER: Da habe ich einen temporären Job für Sie. Im Moment werden noch Leute gesucht, die Deutsch als Fremdsprache unterrichten.

STUDENTIN: Oh, das klingt gut. Daran bin ich interessiert.
BERUFSBERATER: Das ist jedoch keine feste Anstellung.
STUDENTIN: Das macht nichts. Schicken Sie mir doch bitte das Material zu.

Aussprache und Orthographie

AUSSPRACHE

The German r

A. The German r does not sound at all like the American English *r*. The German **r** is either a uvular trill—the „standard" German pronunciation, which is similar to the French *r*—or a trill or flap with the tip of the tongue—the predominant pronunciation in southern Germany, Austria, and Switzerland, which is similar to the Spanish *r*.

Pronounce the following words with **r**. First you will hear a standard speaker and then a southern speaker. Try to find out which **r** suits you better.

standard **r**	rot, reisen, hören, Gitarre, Freund, Brief
southern **r**	rot, reisen, hören, Gitarre, Freund, Brief

B. Now repeat the following words that contain an **r** between two vowels.

Gitarre, Amerika, Ferien, Jahre, fahren, Motorrad

C. When the letter **r** appears after a vowel but before a consonant or at the end of a syllable, it is vocalized. This means that it is pronounced like a *schwa*, an undistinctive vowel such as the indefinite article *a* (*This is a cat.*).

Pronounce the following words with vocalized **r**.

fährt, Meer, Sport, hier, Eltern, Berge

D. Repeat the following sentences. Concentrate on **r** and *schwa* sounds.

1. Spielt ihr im Winter gern Karten?
2. Veronika reitet gern, und Robert spielt gern Gitarre.
3. Herr und Frau Ruf gehen freitags immer spazieren.
4. Renate Röder reist nächstes Jahr in die Karibik.
5. Ich habe drei Brüder und vier Schwestern.

The German l

A. German has only one pronunciation of the letter l, which is very similar to the *l*-sound in English words such as *million* and *billion*.

Concentrate on using the same l-sound throughout as you pronounce the following words.

Millionen, Licht, Klavier, billig, Bild, Stuhl

B. Now repeat the following sentences containing the l-sound.

1. Silvia Mertens studiert Englisch und will Gymnasiallehrerin werden.
2. Ihr Zimmer ist ziemlich klein, aber billig.
3. Sie hat ein Bücherregal, einen Sessel, einen Tisch und zwei Stühle.
4. Silvia liebt Musik und hat einen tollen Plattenspieler und viele Schallplatten.
5. An der Wand neben dem Regal sieht man einen Tennisschläger, einen Fußball und das Telefon.

AUSSPRACHE

The Sounds *sp, st*

A. At the beginning of a word or a syllable, the German combinations **sp** and **st** are pronounced as if they were written **schp** and **scht**.

Pronounce the following words. Concentrate on producing the **schp-** and **scht-** sounds.

> sp   Beispiel, spazieren, spielen, Sport, sprechen, Spanisch
> st   Studentin, Stiefel, Stuhl, Strand, Stunde, Frühstück

B. Now repeat the following sentences, and concentrate on both the "pure" **sp-** and **st-** sounds and the **schp-** and **scht-** sounds.

1. Meist frühstückt Silvia im Studentenheim.
2. Melanie Staiger studiert Kunstgeschichte; ihre Schwester Gloria studiert Psychologie.
3. In ihrer Freizeit treiben sie viel Sport oder gehen sie in der Stadt spazieren?
4. Heute kauft Melanie Spaghetti und Wurst, und auch etwas Aspirin.
5. Stellen wir doch die Stühle ans Fenster und frühstücken dort.

ORTHOGRAPHIE

sch, sp, st

The letter combination *sch* is considered a single sound, and it is pronounced like English *sh*. When the letter combinations **sp** and **st** are in the beginning of the word, they are pronounced as if they were spelled **schp** and **scht**.

A. Write the words you hear with the letters **sch**.

> 1. waschen   2. schön   3. Geschichte   4. schlafen   5. Deutsch   6. Schlittschuh

B. Write the words you hear with the letters **sp** and **st**.

> 1. spät   2. Spaß   3. Stadt   4. Strand   5. spielen   6. Stunde

KAPITEL 6

HÖRVERSTÄNDNIS

Dialog aus dem Text

Silvia Mertens ist auf Wohnungsuche.

FRAU SCHUSTER:	Schuster!
SILVIA:	Guten Tag. Hier Silvia Mertens. Ich rufe wegen des Zimmers an. Ist es noch frei?
FRAU SCHUSTER:	Ja, das ist noch zu haben.
SILVIA:	Prima, in welchem Stadtteil ist es denn?
FRAU SCHUSTER:	Frankfurt-Süd, Waldschulstraße 22.
SILVIA:	Und in welchem Stock liegt das Zimmer?
FRAU SCHUSTER:	Im fünften, gleich unter dem Dach.
SILVIA:	Gibt es einen Aufzug?
FRAU SCHUSTER:	Nein, leider nicht.
SILVIA:	Schade. Was kostet denn das Zimmer?
FRAU SCHUSTER:	300 Mark möbliert.
SILVIA:	Möbliert? Was steht denn drin?
FRAU SCHUSTER:	Also, ein Bett natürlich, ein Tisch mit zwei Stühlen und ein Kleiderschrank.
SILVIA:	Ist auch ein Bad dabei?
FRAU SCHUSTER:	Nein, aber baden können Sie bei mir. Und Sie haben natürlich Ihre eigene Toilette.
SILVIA:	Wann könnte ich mir denn das Zimmer mal anschauen?
FRAU SCHUSTER:	Wenn Sie wollen, können Sie gleich vorbeikommen.
SILVIA:	Gut, dann komme ich gleich mal vorbei. Auf Wiederhören.
FRAU SCHUSTER:	Auf Wiederhören.

Weitere Hörtexte

A. Ein alter Nachbar

NEUE VOKABELN

das Erdgeschoß
der erste Stock
der Neubau

Frau Frisch trifft einen alten Nachbarn, Herrn Übele, in einem Geschäft im Zentrum von Zürich.

FRAU FRISCH:	Herr Übele, lange nicht gesehen! Wie geht es Ihnen?
HERR ÜBELE:	Ach, ich werde fast verrückt. Wir haben ein neues Haus gekauft, und immer gibt es ein neues Problem.
FRAU FRISCH:	Ein neues Haus? Wo denn?
HERR ÜBELE:	In der Eichendorffstraße.
FRAU FRISCH:	Ah ja, meine Schwester wohnt da. Schöne Gegend.
HERR ÜBELE:	Stimmt, und trotzdem Zentral. Es sind nur fünf Minuten bis in die Stadt.

FRAU FRISCH: Wie groß ist es denn?
HERR ÜBELE: Es ist größer als das alte. Im Erdgeschoß haben wir ein großes Wohnzimmer, ein Eßzimmer, ein Badezimmer, eine Küche und ein Arbeitszimmer. Im ersten Stock sind drei Kinderzimmer, unser Schlafzimmer und zwei Badezimmer.
FRAU FRISCH: Da haben Sie ja viel Platz. Ist es ein Neubau?
HERR ÜBELE: Nein, es ist ungefähr zwanzig Jahre alt. Kommen Sie doch bald mal vorbei!
FRAU FRISCH: Gern, Herr Übele.
HERR ÜBELE: Na, ich habe noch viel zu tun, und muß bald zu Hause sein. Grüßen Sie Ihre Familie.
FRAU FRISCH: Danke. Sie auch, und viel Glück mit dem neuen Haus.

B. Alte Möbel

NEUE VOKABELN

das Holz, ̈er
der Stahl
ganz unter uns

Herr Siebert ist bei Frau Gretter. Sie sprechen über Frau Gretters neue Möbel.

HERR SIEBERT: Ihr neuer Eßzimmerschrank gefällt mir aber gut, Frau Gretter.
FRAU GRETTER: Ja, er ist viel schöner als der alte und auch praktischer.
HERR SIEBERT: Der Tisch hier ist auch hübsch. Ist er auch neu?
FRAU GRETTER: Oh nein, den habe ich schon lange. Aber die Stühle in der Eßecke sind neu.
HERR SIEBERT: Wirklich? Sie passen sehr gut zu dem Tisch. Das Holz ist sehr schön.
FRAU GRETTER: Mir gefallen Möbel aus Holz auch viel besser als diese modernen Sachen aus Stahl und Glas.
HERR SIEBERT: Mir auch. Ich möchte gern antike Möbel für mein Wohnzimmer haben, aber die kann man heute ja nicht mehr bezahlen.
FRAU GRETTER: Da haben Sie recht. Wissen Sie, ganz unter uns, der Eßzimmerschrank ist von meiner Schwester, und die Stühle von meiner Nichte und ihrem Mann.

C. Sofie ist wütend.

NEUE VOKABELN

der Billigladen, ̈
das Vollkornbrot
die Wiedervereinigung
der Aufschnitt

Es ist Samstag. Sofie Pracht aus Dresden sieht in den Kühlschrank und findet nur Sachen, die ihr nicht gefallen. Ihr Freund Willi hatte gestern für sie eingekauft. Da ruft Willi an. Hören Sie, was sie ihm wütend sagt.

Willi, gut, daß du anrufst. Du hast ja gestern super eingekauft. Warst wohl nur bei unserem alten Billigladen, heh? Die Salami ist trocken, der Salat ist alt, das Brot schmeckt nicht. Warum bist du denn nicht in die Stadt gegangen? Beim Metzger am Markt gibt es jetzt tollen Aufschnitt und auch nicht sooo teuer, und gleich daneben ist die neue Bäckerei Müller. Die haben so gutes Vollkornbrot, jeden Tag frisch. Ich weiß, ich weiß, du hattest keine Lust in die Stadt zu fahren, die vielen Westautos, kein Parkplatz ... Sag mal, was willst du eigentlich? Seit der Wiedervereinigung können wir endlich alles kaufen, und du gehst immer noch ins Geschäft um die Ecke. Du bist mir ein schöner Freund!

D. Ein Interview mit Richard

NEUE VOKABELN

Geld abheben

Richard Augenthaler ist in der Stadt. Ein Mann auf der Straße will ein Interview mit ihm machen, aber er hat keine Zeit.

Was? Ein Interview? Nee, keine Zeit. Ich muß weiter. Wissen Sie, zuerst will ich zur Bank und Geld abheben, dann zum Supermarkt, dann in die Reinigung, einen Mantel abholen, und dann ins Kaufhaus, um ein Geschenk für einem Freund zu kaufen. Was machen Sie? Ein Interview über die Frage, was die Österreicher am Samstagmorgen machen? Na, jetzt wissen Sie es ja. Servus.

E. Wohnungssuche

NEUE VOKABELN

der Waldblick
der Hauswirt/die Hauswirtin
erreichen

Hier ist Radio Bremen mit den Kurznachrichten. Doch zuvor noch etwas Werbung.

Haben Sie keine Lust mehr, jeden Monat Miete zu bezahlen? Mögen Sie Ihren Hauswirt nicht? Das Apartmenthaus „Waldblick" bietet Ihnen die Gelegenheit, ein eigenes Heim zu kaufen. Unsere Apartments sind groß und komfortabel gebaut und haben drei Zimmer, Küche, Bad und einen eigenen Balkon. Die Küche ist hochmodern, mit Herd, Kühlschrank und Geschirrspülmaschine. Zu jeder Wohnung gehört ein Parkplatz in der Tiefgarage und ein Keller. Informieren Sie sich über Preise und Finanzierungsmöglichkeiten in unserem Büro in der Leipziger Straße. Sie erreichen uns telefonisch unter der Nummer 90 60 30 Montag bis Freitag von 9 bis 18 Uhr. Apartmenthaus „Waldblick": Ihr Weg zum eigenen Heim!

F. Hausarbeit

Rolf und Nora haben geplant, nach San Francisco zu fahren, um ins Kino zu gehen. Aber Nora hat viel zu tun. Jetzt ruft Rolf sie an.

ROLF: Hallo, Nora. Na? Was ist? Was machen wir?
NORA: Also tut mir leid, Rolf, aber ich kann nicht weg.
ROLF: Warum das denn?
NORA: Mein Vater muß unbedingt heute die Garage aufräumen, und ich soll ihm natürlich wie immer helfen.
ROLF: Den ganzen Nachmittag?
NORA: Was weiß ich denn! Danach muß ich auch noch den Rasen mähen!
ROLF: Du, den Rasen mähen?
NORA: Na klar, mach' ich auch ganz gerne. Aber staubsaugen, Fenster putzen und Auto waschen finde ich nicht so toll.
ROLF: Also sag mal, was ist denn bei euch los? Kommt die Queen of England?
NORA: Nein, das nicht, aber Freunde aus Deutschland.
ROLF: Na und?
NORA: Ganz einfach, die putzen so viel, daß mein Vater glaubt, wir müssen auch alles tip top haben, wenn die kommen.
ROLF: Also, ich bin auch Deutscher, aber trotzdem putze ich nicht wie verrückt!
NORA: Ok, ok, du hast recht, nicht *alle* Deutschen sind Putzteufel.
ROLF: Sag mal, wenn ich euch helfe . . . könnten wir dann nicht um 9.30 ins Kino gehen?
NORA: Klar, komm' doch einfach.
ROLF: Ok. Bis gleich.

Rollenspiel

STUDENT: Guten Tag. Gunther Meyer ist mein Name. Ich hatte gerade wegen der Wohnung angerufen.
FRAU HOLZ: Ach ja, Herr Meyer. Kommen Sie doch bitte herein. Ich kann gleich mit Ihnen nach oben gehen. *[pause]* . . . Also hier ist die Wohnung. Sie sehen, die Küche ist ganz neu.
STUDENT: Super!

FRAU HOLZ: Hier ist das Bad, auch gerade renoviert. Das Wohnzimmer liegt hier auf der anderen Seite. Sie haben einen schönen großen Balkon zur Südseite.

STUDENT: Der Blick ist ja fantastisch.

FRAU HOLZ: Hier ist das Schlafzimmer. Es hat auch einen kleinen Balkon.

STUDENT: Wunderschön. Wieviel Quadratmeter hat die Wohnung noch mal?

FRAU HOLZ: Fünfundsechzig. Und Sie können auch den Garten mitbenutzen.

STUDENT: Und Sie sagten DM 1200,-- kalt.

FRAU HOLZ: Ja, Heizkosten sind noch einmal ungefähr DM 200 pro Monat.

STUDENT: Und wie hoch ist die Kaution?

FRAU HOLZ: Das zweifache der Monatsmiete.

STUDENT: Aha. Also, ich bin sehr interessiert. Bis wann muß ich mich denn entscheiden?

FRAU HOLZ: Also am besten gleich. Sie wissen ja, wir haben sehr viele Interessenten.

STUDENT: Kann ich in einer Stunde noch einmal anrufen? Ich möchte noch mit meiner Freundin sprechen.

FRAU HOLZ: Gerne, aber wie gesagt, viele Zeit haben Sie nicht.

STUDENT: Ok, ich melde mich in der nächsten Stunde.

Aussprache und Orthographie

AUSSPRACHE

Auslautsverhärtung

Unless it occurs before a vowel (or before l or r), the letter **b** is pronounced like **p**, **d** is pronounced like **t**, and **g** like **k**. In German, this is called **Auslautsverhärtung** (*the hardening of final sounds*).

Repeat the following words. Concentrate on the change from **b** to **p**, **d** to **t**, and **g** to **k**.

$b \rightarrow p$ leben, lebt; schreiben, schreibt; geben, gibt
$d \rightarrow t$ Freunde, Freund; Hunde, Hund; Lieder, Lied
$g \rightarrow k$ Tage, Tag; fragen, fragt; Dialoge, Dialog

Now repeat the following sentences. Concentrate on the various pronunciations of the letters **b**, **d**, and **g**.

1. Gib mir mal die Schreibmaschine.
2. Übst du den Dialog jeden Tag?
3. Mittags esse ich im „Dorfkrug" und abends zu Hause.
4. Abends sind wir bei Birgit; da ist heute eine Gartenparty.
5. Zum Geburtstag möchte ich ein Diamantarmband, einen Hund und ein großes Motorrad.

ORTHOGRAPHIE

Write the words you hear with the letters **b**, **d**, and **g**.

1. Tag   2. Geld   3. Dialog   4. wütend   5. gibt   6. Urlaub   7. Hund   8. Zug   9. Papierkorb

KAPITEL 7

HÖRVERSTÄNDNIS

Dialog aus dem Text

Im Reisebüro in Berlin

RENATE:	Guten Tag.
ANGESTELLTE:	Guten Tag. Bitte schön?
RENATE:	Ich möchte mit dem Zug nach Zürich fahren.
ANGESTELLTE:	Wann möchten Sie denn fahren?
RENATE:	Am Montagmorgen so früh wie möglich.
ANGESTELLTE:	Der erste Intercity geht um 6 Uhr 30. Ist das früh genug?
RENATE:	Wann ist der Zug denn in Zürich?
ANGESTELLTE:	Um 14 Uhr 25.
RENATE:	Gut. Reservieren Sie mir bitte einen Platz in der zweiten Klasse.

Weitere Hörtexte

A. Geographie. Ernst und Andrea Wagner spielen ein Ratespiel über Geographie. Wenn der Eine einen geographischen Begriff nennt, muß der Andere einen bestimmten Ort in der Welt nennen, zu dem der geographische Begriff paßt.

ERNST:	Also, Andrea. Nummer eins. Nenn eine berühmte Insel.
ANDREA:	Hmmm. Eine berühmte Insel . . . England!
ERNST:	Gut! 1 Punkt. Jetzt, nenn einen berühmten Wald.
ANDREA:	Das weiß ich! Wir haben Robin Hood in der Schule gelesen. Sherwood Wald.
ERNST:	Okay, und ein berühmtes Tal?
ANDREA:	Das ist leicht. Das Rheintal.
ERNST:	Na dann, dies ist schwerer. Nenn eine berühmte Halbinsel.
ANDREA:	Eine berühmte Halbinsel . . . Das ist ja schwer. Ach ja, die arabische Halbinsel.
ERNST:	Gut. Das ist, Moment . . . 4 Punkte.
ANDREA:	Okay, jetzt bist du dran. Nenn ein berühmtes Gebirge.
ERNST:	Na, Andrea, das ist zu leicht. Die Alpen, natürlich. Oder die Himalajas, oder . . .
ANDREA:	Ja, ja. Okay. Das war zu leicht. Nenn dann eine berühmte Wüste.
ERNST:	Eine Wüste? Sahara.
ANDREA:	Okay. Ein berühmtes Meer.
ERNST:	Auch leicht. Das Tote Meer in Israel.
ANDREA:	Richtig. Du hast jetzt 3 Punkte. Schließlich, was ist die berühmteste Straße der Welt?
ERNST:	(ein bißchen verwirrt) Die berühmteste Straße? . . . die Champs Elysées in Paris?
ANDREA:	Nein.
ERNST:	Der Kurfürstendamm in Berlin?
ANDREA:	Nein.
ERNST:	Broadway in New York?
ANDREA:	Nein.

ERNST: Dann gebe ich auf. Ich habe keine Ahnung. Vielleicht kenne ich diese Straße nicht.

ANDREA: *(lacht)* Ha, ha. Die berühmteste Straße der Welt ist . . . die Isabellastraße in München. Die Straße, in der wir wohnen, Ernst!

B. Transportmittel

NEUE VOKABELN

die Mitfahrerzentrale, -n
der Stau
sich verändern

Claire trinkt gerade einen Kaffee mit Josef in Regensburg und spricht über ihren Plan, in zwei Wochen nach Berlin zu fahren.

CLAIRE: Sag mal, Josef, warst du eigentlich seit der Wiedervereinigung in Berlin?

JOSEF: Ja, letztes Jahr. Eine Freundin von mir studiert dort.

CLAIRE: Und, wie war's?

JOSEF: Aufregend, positiv und negativ. Es hat sich wirklich viel verändert.

CLAIRE: Ich möchte in zwei Wochen nach Berlin. Hast du eine Idee, wie ich am besten hinkomme?

JOSEF: Also, am schnellsten ist natürlich fliegen, aber . . .

CLAIRE: Nee, soviel Geld hab' ich nicht.

JOSEF: Also, wenn du meinst, die Deutsche Bundesbahn ist viel billiger . . .

CLAIRE: Ja, stimmt, Zugfahren ist auch nicht gerade billig.

JOSEF: Und Busfahren ist so eine Sache. Es ist zwar billig, aber nicht jeder sitzt gerne so lange mit vielen Leuten eng zusammen.

CLAIRE: Ich kann ja mal die Mitfahrerzentrale anrufen. Vielleicht fährt jemand in zwei Wochen nach Berlin und hat noch Platz im Auto.

JOSEF: Gute Idee, immer noch billiger als mit dem eigenen Auto. Aber die Fahrt kann lange dauern. Es gibt im Moment sehr viel Staus auf der Strecke nach Berlin.

CLAIRE: Das stört mich nicht. Ich hab' zwar nicht viel Geld, dafür aber genug Zeit.

C. Der neue Corrado

NEUE VOKABELN

die Ausstattung
unbequem
serienmäßig
beheizt
das Fahrwerk
die Servolenkung
der Heckspoiler
ABS: das Antiblockiersystem

Sie hören eine Werbung von VW für den neuen Corrado.

Der exklusive Corrado und die Sache mit der Ausstattung

Es gibt immer noch Leute, die glauben, sportlich heißt unbequem. Das glauben wir ganz und gar nicht. Und bestimmt nicht, wenn es um Sportwagen geht—an der serienmäßigen Ausstattung dieses Corrado können Sie es erkennen.

Zum Beispiel der Innenraum in Lederausstattung. Oder die beheizten Recaro Sportsitze. Fenster und Schiebedach lassen sich elektrisch öffnen und schließen. Ihre Lieblingsmusik können Sie über das Radio-Cassettengerät „gamma" aus sechs Aktivboxen hören.

Auch die Technik ist fantastisch: High-Tech-Fahrwerk, Servolenkung, ABS und ein Heckspoiler, der bei Tempo 120 automatisch ausfährt. Starten Sie zu einer exklusiven Probefahrt. Erleben Sie selbst, daß ein Sportwagen nicht unbequem sein muß, sondern wirklich exklusiv.

Volkswagen—da weiß man, was man hat.

D. Josef will ein Auto kaufen.

NEUE VOKABELN

die Kupplung
die Karosserie
ausbauen
einbauen

Josef will einen gebrauchten Wagen kaufen. Er spricht am Telefon mit der Verkäuferin des Wagens.

JOSEF: Guten Tag, ich rufe wegen Ihrer Anzeige in der Zeitung an. Sie haben einen Opel zu verkaufen?
VERKÄUFERIN: Ja, einen Opel Rekord Baujahr 1978.
JOSEF: Wie viele Kilometer hat der Motor drauf?
VERKÄUFERIN: 92 000 Kilometer.
JOSEF: Und wie ist es mit der Kupplung und den Bremsen?
VERKÄUFERIN: Die Kupplung ist fast neu, erst sechs Monate alt. Und die Bremsen sind noch sehr gut, auch die Handbremse.
JOSEF: Und wie sieht die Karosserie aus?
VERKÄUFERIN: In sehr gutem Zustand, kaum Rost.
JOSEF: Hat der Wagen ein Autoradio?
VERKÄUFERIN: Nein, das habe ich ausgebaut, ich baue es in meinen neuen Wagen ein.
JOSEF: Und was soll der Wagen kosten?
VERKÄUFERIN: Was in der Anzeige steht, 800 Mark.
JOSEF: Kann ich mir den Wagen mal ansehen?
VERKÄUFERIN: Natürlich. Ich bin heute den ganzen Tag zu Hause. Sie können jederzeit vorbeikommen.
JOSEF: Gut, dann komme ich gleich vorbei. Wie ist Ihre Adresse bitte?
VERKÄUFERIN: Goethestraße 142, und mein Name ist Schmitt.
JOSEF: Gut, dann bis später.
VERKÄUFERIN: Bis später.

E. Reiseerlebnisse. Silvia will in die Sonne und träumt vom Urlaub.

Es regnet schon wieder. Den ganzen Sommer habe ich die Sonne kaum gesehen. Ich möchte jetzt so gern in Rio de Janeiro sein, am Strand liegen, einen Drink in der Hand und attraktive Männer beobachten. Oder nach Paris, auf der Champs-Elysées bummeln, mir Modegeschäfte ansehen, in den Louvre gehen. Oder an die Nordsee. Lange Spaziergänge am Strand machen . . . Wahrscheinlich fahre ich doch wieder nach Mallorca, obwohl es da auch immer teurer wird . . .

F. Sommerskilauf in der Schweiz

NEUE VOKABELN

der Gletscher, -
die Piste, -n
der Abfall

Claire ist letzten Juli in die Schweiz gefahren. Jetzt spricht sie mit Josef über ihren Urlaub.

JOSEF: Na, wie war's in der Schweiz?
CLAIRE: Stell dir vor, ich war mit meiner Freundin Luise auf einem Gletscher zum Skifahren, im Sommer! Es war toll. Der Schnee war nicht so gut wie im Winter, aber die Lifte und die Pisten waren super.
JOSEF: Ich war noch nie in der Schweiz zum Skifahren, das war mir immer zu teuer.
CLAIRE: Ja, ist es leider auch. Wohin fährst du denn zum Skifahren?
JOSEF: Meistens nach Oberstdorf in Bayern oder auch nach Österreich. Aber ich war noch nie zum Sommerskifahren auf einem Gletscher.

CLAIRE: Das Schönste am Sommerskifahren ist, daß es so warm ist. Man kann im T-Shirt skifahren.
JOSEF: Und wo warst du noch?
CLAIRE: In Zürich. Da wohnt Luise.
JOSEF: Und wie hat dir Zürich gefallen?
CLAIRE: Zürich ist eine der saubersten Städte, die ich je gesehen habe. Es war so sauber, daß ich fast Lust hatte, überall ein bißchen Abfall fallen zu lassen.

Rollenspiel

ANGESTELLTE: Guten Tag. Kann ich Ihnen helfen?
KUNDE: Ich möchte nach München.
ANGESTELLTE: Wann möchten Sie fahren?
KUNDE: Ich muß vor 16.30 am Bahnhof in München sein.
ANGESTELLTE: Der nächste D-Zug fährt um 4.25 und kommt um 15.40 in München an.
KUNDE: Und wieviel kostet das?
ANGESTELLTE: 1. Klasse kostet 195,- DM, zweite Klasse kostet 160,- DM.
KUNDE: Gibt es einen Zug, der noch ein bißchen später abfährt?
ANGESTELLTE: Moment . . . Ja, der Intercity fährt um 7.15 ab und kommt um 16.05 im München an. Eine Fahrkarte für zweite. Klasse kostet 175,- DM.
KUNDE: Hmm. Teurer aber schneller. Über welche Städte fährt der Intercity?
ANGESTELLTE: Alle Züge nach München fahren über Hannover und Würzburg.
KUNDE: Na, dann nehme ich den. Von welchem Gleis fährt er ab?
ANGESTELLTE: Gleis 7.
KUNDE: Vielen Dank.

Aussprache und Orthographie

Schwierige Konsonantenverbindungen. German uses a few consonant clusters (combinations of consonants) that are uncommon in American English. In the following exercises, you will practice pronouncing and spelling the consonant clusters ng, pf, and qu, as well as various combinations with the letter z.

1. *ng*

AUSSPRACHE

The German consonant cluster **ng** is always pronounced like the *ng* in the English word *singer*—never as in the word *finger*. Listen to and pronounce the following words with the consonant cluster **ng**.

Schlange Hunger Ring Frühling England Finger

ORTHOGRAPHIE

Listen and write the words you hear with the consonant cluster **ng**.

1. Zeitung 2. langweilig 3. singen 4. lange

2. *pf*

AUSSPRACHE

Both the **p** and the **f** of the German consonant cluster **pf** are pronounced.

Listen and pronounce the following words containing **pf**.

      schnupfen **Pf**ennig **pf**eifen kämpfen **pf**lücken

ORTHOGRAPHIE

Write the words you hear with the consonant combination **pf**.

1. Apfel 2. Pfanne 3. pflegen 4. Kopf

3. *qu*

AUSSPRACHE

The German consonant cluster **qu** is pronounced like *kv* in English. Listen and pronounce the following words containing **qu**.

      Quark **qu**atschen **Qu**adratmeter Ä**qu**ator

ORTHOGRAPHIE

Listen and write the words you hear containing the consonant cluster **qu**.

1. bequem 2. Quantität 3. Qualität 4. Quatsch

4. *z/tz, zw, tzt/zt*

AUSSPRACHE

z/tz
The German letter **z** and the consonant cluster **tz** are both pronounced like the English consonant cluster *ts*. Listen to and pronounce the words with the letters **z** and **tz**.

      Zentrum **Z**ürich **Z**oo Plat**z** Mü**tz**e stol**z** Wolkenkrat**z**er

zw
The German consonant cluster **zw** is pronounced like *tsv* in English. Listen and pronounce the following words that contain the consonant cluster **zw**.

      zwanzig **Zw**illinge **zw**ei **zw**ingen

tzt/zt
The German consonant clusters **tzt** and **zt** are pronounced like *tst* in English. Listen and pronounce the following words containing **tzt** and **zt**.

      gehei**zt** Ar**zt** je**tzt**

ORTHOGRAPHIE

Write the words you hear with the letter **z**.

1. ganz 2. Schweiz 3. tanzen 4. Schmerz

Write the words you hear with the letters **tz**.

1. Katze 2. setzen 3. Arbeitsplatz 4. putzen

Write the words you hear with the letters **zw**.

1. zwölf 2. zweiter 3. zwar 4. zweiundzwanzig

Write the words you hear with the letters **tzt**.

1. verletzt   2. geputzt   3. sitzt

Write the words you hear with the letters **zt**.

1. heizt   2. Ärztin   3. getanzt

KAPITEL 8

HÖRVERSTÄNDNIS

A. Kindheit

NEUE VOKABELN

die Jungs
quatschen

Katrin und Rolf unterhalten sich über Sport und ihre Kindheit. Katrin ist in Amerika und Rolf in Deutschland aufgewachsen.

KATRIN: Rolf, hast du Lust heute mit zum Baseballspiel zu gehen?
ROLF: Klar, gerne. Manchmal würde ich allerdings lieber ein gutes Fußballspiel sehen. Das erinnert mich an Sonntage in Deutschland, als ich Kind war.
KATRIN: Warum, hast du dort Fußball gespielt?
ROLF: Ja, und mein Vater hat mich immer mit zu den Bundesliga-Spielen genommen. Ich habe immer gerne Sport gemacht, auch noch als Teenager.
KATRIN: Die größten Jungs in meiner Klasse haben Football gespielt. Hast du das auch gemacht?
ROLF: Nein, das nicht, aber ich war in einem Tennisklub, und in der Schule haben wir jede Woche Volleyball gespielt. Nach der Schule bin ich im Sommer oft mit Freunden ins Freibad gegangen.
KATRIN: Ins Freibad?
ROLF: Ja, in Krefeld hatten wir ein großes Schwimmbad, wo man draußen schwimmen und auf der Wiese liegen konnte. Wir waren eine Gruppe von Jungs und haben immer die Mädchen geärgert.
KATRIN: Ich bin in Florida aufgewachsen und konnte immer zu meiner Freundin gehen. Ihre Eltern hatten einen Swimmingpool im Garten. Oder wir sind ans Meer gefahren, um in der Sonne zu liegen und zu quatschen. Die Jungs haben uns dort allerdings auch geärgert.
ROLF: Bist du im Winter auch Skigefahren?
KATRIN: In Florida? Skifahren? Es schneit doch nie. Wenn man dort im Winter skifährt, dann ist es Wasserski. Wasser, auch im Winter.

B. Michael Puschs erste Freundin

NEUE VOKABELN

umwerfend
die Schule schwänzen
(in der Schule) sitzenbleiben
Streit haben

Michael Pusch erzählt von seiner ersten Freundin.

Sie hieß Cora und ist auf dieselbe Schule gegangen wie ich. Ich war damals 15 Jahre alt. Wir haben uns auf einer Party kennengelernt. Sie hatte langes, dunkles Haar, und ich fand sie umwerfend schön. Wir sind oft an einen See gefahren. Es war ein sehr warmer Sommer, und wir haben die Schule geschwänzt und den ganzen Morgen am See verbracht. Wir waren öfter am See als in der Schule. In diesem Jahr bin ich sitzengeblieben und hatte deswegen zu Hause viele Probleme mit meinen Eltern. Am Wochenende, besonders samstags, wollte ich auf Parties gehen, aber ich mußte immer schon um 9 Uhr zu Hause sein. Cora durfte meistens bis 11 Uhr wegbleiben. Ich war auch schrecklich eifersüchtig, besonders wenn ich schon um 9 nach Hause mußte und Cora noch bleiben konnte. Oft bin ich einfach länger geblieben und hatte dann mit meinem Vater Streit. Manchmal frage ich mich, was Cora jetzt macht. Sie ist bestimmt verheiratet und hat wahrscheinlich viele Kinder. Vielleicht lerne ich ja mal ihre Tochter kennen.

C. Juttas neue Frisur

NEUE VOKABELN

Stell dich nicht so an!
Spinnst du?
Das kann doch nicht dein Ernst sein!
spießig
dieser Ton
toben

Jutta ist heute zum Friseur gegangen. Jetzt sieht sie aus wie ein Punk. Hören Sie zu, was Juttas Eltern zu Juttas neue Frisur sagen.

FRAU RUF: Jutta! Das kann doch nicht wahr sein! Jochen! Jochen, komm doch mal!
HERR RUF: Was ist denn?
JUTTA: Mensch, nun stell dich doch nicht so an!
HERR RUF: Jutta! Sag mal, spinnst du? Wie siehst du denn aus! Das kann doch nicht dein Ernst sein.
JUTTA: Nun fang du auch noch an. Ich finde meine Frisur toll und Billi auch. Das ist jetzt mega-in!
FRAU RUF: Mega-in! Violette und grüne Haare sind mega-in! Was ist das überhaupt für einen Ausdruck!
HERR RUF: Typisch deine Tochter. Ich kann Sie gar nicht ansehen.
JUTTA: Seid doch nicht so spießig!
HERR RUF: Na, hör mal, was fällt dir denn ein, erst die Frisur, dann dieser Ton . . .
FRAU RUF: Moment, moment. Weißt du noch, Jochen, wie deine Eltern getobt haben, als deine Haare einmal zu lang waren!
HERR RUF: Das war 'was ganz anderes.
JUTTA: Wirklich!

D. Karin Schulz war auf einem Seminar in München und hat einen Italiener kennengelernt.

Vor sieben Jahren war ich in den Semesterferien auf einem vierwöchigen Seminar am Goethe-Institut in München. Die anderen Seminarteilnehmer kamen aus anderen europäischen Ländern, aber auch aus den USA und Südamerika. Nach den Seminaren haben wir oft in einem Café in Schwabing gesessen, und abends sind wir zusammen essen gegangen. Wir haben viel diskutiert, nicht nur über das Seminar und unsere Arbeit, sondern auch über die verschiedenen Länder, aus denen wir kamen, über Filme, Literatur und so weiter. Und einmal kam Alfredo, ein Italiener aus Rom, dazu. Er hat damals Deutsch an einer Schule in Milano unterrichtet. Wir haben uns von Anfang an sehr gut verstanden und ich habe mich wahnsinnig in ihn verliebt. Ein Wochenende sind wir nach Italien gefahren. Fünf Stunden durch die Alpen! Es war so schön, fast schon kitschig romantisch. Mein Italienisch war damals nicht so toll, aber wir haben uns trotzdem verstanden. Später haben wir uns geschrieben, und ich wollte ihn immer in Milan besuchen. Leider hatte ich nie die Zeit dazu und auch Angst davor, den Traum noch einmal zu träumen. Vor einen Jahr habe ich von einem anderen Seminarteilnehmer gehört, daß Alfredo geheiratet hat. Im Sommer erwartet er mit seiner Frau ein Baby. Für mich bleibt er der Flirt mit dem Süden, eine traumhaft schöne Erinnerung.

E. Oma Schmitz' Jugend

NEUE VOKABELN

der Erste Weltkrieg
im Krieg fallen
die Nachbarschaft, -en
der Geschäftsschluß

Sigrid und Helga Schmitz stellen ihrer Oma Fragen über ihre Jugend.

SIGRID: Erzähl' uns doch mal, wie du als Teenager warst, Oma.
FRAU SCHMITZ: Teenager?
HELGA: Ja, als du in unserem Alter warst.
FRAU SCHMITZ: Damals war alles ganz anders. Als ich so alt war wie ihr, war der Erste Weltkrieg gerade zu Ende. Wir hatten nicht viel Geld. Mein Vater ist im Krieg gefallen, und mein Bruder, meine Mutter und ich waren allein.
SIGRID: Hattest du damals einen Freund?
FRAU SCHMITZ: Nein, aber da war ein Junge in der Nachbarschaft, der wartete nach der Schule immer auf mich und hat mich nach Hause gebracht. Aber das war alles.
HELGA: Bist du auch auf Parties gegangen?
FRAU SCHMITZ: Nein, ich bin nie auf eine Party gegangen. Wir sind mit der ganzen Familie spazierengegangen, und manchmal haben wir irgendwo Kaffee getrunken.
SIGRID: Und wieso hast du Opa kennengelernt, wenn du nie auf einer Party warst?
FRAU SCHMITZ: Lernt ihr denn eure Freunde nur auf Parties kennen?
SIGRID: Nein, natürlich nicht. Aber wo hast du denn Opa kennengelernt?
FRAU SCHMITZ: Nachdem ich meine Lehre beendet hatte, hatte ich meine erste Stelle in einem Geschäft. Eines Tages ist Opa ins Geschäft gekommen, und dann ist er fast jeden Tag wiedergekommen.
HELGA: Und was hat er gemacht?
FRAU SCHMITZ: Nichts. Bevor er zum ersten Mal mit mir gesprochen hat, hat er nur immer da gestanden und sich Dinge angesehen. Später dann, nachdem er mich angesprochen hatte, hat er eines Abends nach Geschäftsschluß auf mich gewartet. So haben wir uns kennengelernt.
HELGA: Und dann?
FRAU SCHMITZ: Dann sind wir ab und zu in ein kleines Café gegangen und haben heiße Schokolade getrunken.
SIGRID: Und wann habt ihr geheiratet?
FRAU SCHMITZ: Fast drei Jahre später.

F. Märchen. Kennen Sie viele Märchen? Hören Sie diese Teile aus verschiedenen Märchen und sagen Sie, woher sie kommen.

1. Ei, Großmutter, was hast du für große Ohren? —Damit ich dich besser hören kann.
2. Heute back' ich, morgen brau' ich, übermorgen hol' ich mir der Königin ihr Kind. Ach wie gut, daß niemand weiß, wie ich heiß.
3. Knusper, knusper, knäuschen, wer knuspert an meinem Häuschen?
4. Die Königstochter soll an ihrem fünfzehnten Geburtstag in einen tiefen Schlaf fallen, der hundert Jahre dauert.
5. Spieglein, Spieglein, an der Wand, wer ist die Schönste im ganzen Land?
6. Wenn ich am Tisch neben dir sitzen und von deinem Teller essen und aus deinem Becher trinken und in deinem Bett schlafen darf, dann will ich deinen goldenen Ball aus dem Brunnen heraufholen.

G. Der unglückliche Wolf

NEUE VOKABELN

ungezogen
das Unglück
das Mofa
der Verkehr
überfahren
aufschneiden
der Pelz

Es war einmal ein freches, ungezogenes Mädchen. Es hieß Rotkäppchen, weil es ein rotes Käppchen trug. Eines Tages sagte die Mutter zu Rotkäppchen: „Geh zu deiner Oma und bring ihr eine Flasche Limonade und eine Schallplatte von Duran Duran. Der Großvater hat sie verlassen, und sie trinkt, um ihr Unglück zu vergessen. Sie hat schon zwei Flaschen Whisky getrunken!" Rotkäppchen antwortete: „Was für ein langweiliger Vorschlag! Ich will lieber Dallas sehen!" Die Mutter sagte wütend: „Dann gehst du nicht in die Disko!" Rotkäppchen fuhr schnell, sehr schnell mit seinem Mofa. Zum Glück war der Verkehr im Wald nicht stark. Im Wald war ein guter, netter Wolf. Er pflückte gerade seiner Mutter einen bunten Strauß Blumen, weil sie krank war. Rotkäppchen überfuhr den Wolf; er war tot. In der Nähe war ein böser und schrecklicher Jäger. Er sah alles. Er schnitt den Bauch des Wolfes auf. So kam es, daß Rotkäppchen zu der Oma mit einem anderen Geschenk ging: einer Tasche aus Wolfspelz.

Rollenspiel

MICHAEL: Mensch, Petra, schön dich zu sehen. Gut siehst du aus.

PETRA: Immer noch der alte Charmeur. Du siehst aber auch gut aus, aber du hast ja immer gut ausgesehen. Was machst du denn so?

MICHAEL: Im Moment arbeite ich bei der Deutschen Bank. Nach der Schule habe ich bei der Sparkasse eine Lehre gemacht.

PETRA: Du hast eine Lehre gemacht? Ich dachte, du wolltest studieren?

MICHAEL: Wollte ich auch, aber Akademiker haben ja heute keine Zukunft.

PETRA: Das kann man wohl sagen. Ich habe nämlich Germanistik und Amerikanistik in Köln studiert, dann mein Referendariat gemacht und bin im Moment arbeitslos.

MICHAEL: Was willst du denn in der Zukunft machen?

PETRA: Im Moment arbeite ich bei meinen Eltern im Geschäft mit.

MICHAEL: Verkaufen die immer noch alte Bücher?

PETRA: Immer noch. Und du? Willst du bei der Bank Karriere machen?

MICHAEL: Mal sehen, kommt d'rauf an, was die zahlen. Im Moment geht es mir noch ganz gut da.

PETRA: Du hast ja schon immer die Rosinen im Teig gefunden.

MICHAEL: Wieso, bist du 'ne Rosine?

PETRA: Immer noch der alte . . .

Aussprache und Orthographie

1. Die *ich* und *ach* Laute

AUSSPRACHE

There are two **ch** sounds in German: a softer one called the **ich** sound, which is produced more in the front of the mouth, and a harsher one called the **ach** sound, produced more in the back of the mouth. The **ach** sound is used after the "dark" vowels **a, o,** and **u** and after the diphthong **au.** The **ich** sound is used in all other cases—that is, after the "light" vowels **i, ü, e, ö,** and **ä,** after the diphthongs **ei/ai** and **eu/äu,** after consonants, and when it is the first sound of a word.

Listen to and pronounce the following words with the **ach** sound.

> Dach, Jacht, Achtung, einfach, flach
> hoch, Woche, nochmal, kochen
> Bucht, buchen, Kuchen, besuchen
> Schlauch, gebraucht, rauchen, auch

The **ich** sound is closely related to the **j** sound (English *y*). Try to say a strong **j** (as in **ja**) and then just breathe out air.

Listen to and pronounce the following words with the **ich** sound.

> Zeichen, Richtung, dicht, technisch, Fächer, schleichen
> München, Chemie, China, Österreich, täglich, Chirurg

Listen to and pronounce the following word pairs. Concentrate on the change from the **ach** sound to the **ich** sound.

> lacht → Licht, Nacht → nicht, gedacht → Gedicht

The letter combination **ig** is pronounced as **ich** when it occurs at the end of a word. When a vowel follows, the combination is pronounced as **ig**. Listen to the following word pairs with the letter combination **ig**. Concentrate on the change from **ich** to **ig**.

> schwierig → schwierige, einig → einige, sandig → sandige

The letter combination **chs** is pronounced as it is spelled when the **s** is part of an ending (**kochen, kochst**)—that is, with an **ich** or an **ach** sound followed by an **s**. Otherwise, when the **s** is a part of the stem, **chs** is pronounced **ks** (like the letter **x**): **sechs**. Listen to and pronounce the following words with the letter combination **chs**.

> **ch-s**   schleichst, buchst, brauchst, machst
> **chs**   bewachsen, wechseln, Achse, Erwachsene

When pronouncing the letter combination **chts** (**nichts, nachts**), concentrate on the final **ts** and put less emphasis on the intervening **ich** or **ach** sound. Listen to and pronounce the following words with this letter combination.

> **nachts, rechts, nichts**

ORTHOGRAPHIE

Listen to and write the following sentences containing words with the various **ch** sounds.

1. Ich habe gerade an deine Geschichte gedacht.
2. Wohnen Sie lieber in Frankreich oder in Österreich?
3. Geschichte ist mein Lieblingsfach.
4. Wir haben für dich einen Kuchen mitgebracht.
5. Ich koche Kaffee, und du liest mir etwas aus deinem Gedichtebuch vor.

2.   *sch, ck*

AUSSPRACHE

The letter combination **sch** is similar to English *sh* (*shoe*). In German, however, **sch** is pronounced with considerable lip-rounding (as if you were whistling). Listen to and repeat the following words containing the letter combination **sch**.

> **Schule, schön, Schwester, duschen, schlafen, Maschine**

The letter combination **ck** is pronounced exactly like the letter **k** in both English and German. Listen to and pronounce the following words with the letter combination **ck**.

zurück, Frühstück, Decke, Rock, verrückt, schrecklich

ORTHOGRAPHIE

Listen to and write the following sentences containing words with **ch, ck,** and **sch.**

1. Michael besucht Richard in München.
2. Meine Tochter duscht sich vor dem Frühstück.
3. Am Mittwoch fahren wir um Mitternacht in die schöne Schweiz.
4. Richard kommt aus Österreich, möchte aber in Frankreich wohnen.
5. Meine Schwester schwimmt gern, und manchmal kocht sie auch recht gern.

KAPITEL 9

HÖRVERSTÄNDNIS

Dialoge aus dem Text

A. Herr Thelen möchte einen Termin beim Arzt.

HERR THELEN: Guten Tag, ich hätte gern einen Termin für nächste Woche.
SEKRETÄRIN: Gern, vormittags oder nachmittags?
HERR THELEN: Das ist mir eigentlich egal.
SEKRETÄRIN: Mittwochmorgen um neun?
HERR THELEN: Ja, das paßt gut. Vielen Dank.

B. Frau Körner geht in die Apotheke.

FRAU KÖRNER: Ich habe schon seit Tagen Magenschmerzen. Können Sie mir etwas dagegen geben?
APOTHEKERIN: Wir haben gerade etwas ganz Neues bekommen, „Magenex".
FRAU KÖRNER: Hauptsache, es hilft schnell.
APOTHEKERIN: Es soll sehr gut wirken. Hier ist es.

C. Frau Frisch ist bei ihrem Hausarzt.

HAUSARZT: Guten Tag, Frau Frisch, wie geht es Ihnen?
FRAU FRISCH: Ich fühle mich gar nicht wohl. Halsschmerzen, Fieber . . . alles tut mir weh.
HAUSARZT: Das klingt nach Grippe. Sagen Sie mal bitte „Ah".

Weitere Hörtexte

A. Herr Frisch arbeitet zu viel.

NEUE VOKABELN

einen Eindruck machen
spüren
sich schonen
die Sitzung

Bernd und Veronika Frisch unterhalten sich über Bernds Gesundheit.

BERND: Ich fühle mich seit Tagen nicht richtig wohl.
VERONIKA: Was ist denn los? Du machst auf mich einen sehr nervösen Eindruck.
BERND: Ich habe in letzter Zeit einfach zu viel Arbeit.
VERONIKA: Das scheint mir auch so. Was macht denn dein Magen?
BERND: Es ist komisch, wenn ich arbeite und voll im Streß bin, spüre ich nichts, aber wenn ich zu Hause bin, habe ich Magenschmerzen.
VERONIKA: Hast du deine Tabletten genommen?
BERND: Ja, natürlich, aber das hilft nicht viel. Ich muß mal wieder zum Arzt gehen.

VERONIKA: Du warst doch erst vor einer Woche da. Was hat die Ärztin denn gesagt?

BERND: Sie sagt immer dasselbe: Herr Frisch, schonen Sie sich . . . regen Sie sich nicht auf . . . ruhen Sie sich aus. Aber meine Arbeit muß ich ja machen, und die ist eben im Moment ziemlich streßig.

VERONIKA: Mir geht es ähnlich. Wir sollten mal ausspannen. Warum fahren wir nicht am nächsten Wochenende mal ohne die Kinder weg. Was hältst du davon?

BERND: Das ist eine sehr gute Idee. Wir könnten gleich Freitagmittag losfahren und kommen Samstagabend zurück. Dann kann ich am Sonntag die Sitzung für Montag vorbereiten.

VERONIKA: Bernd!!!

B. Die Zwillinge sind krank.

NEUE VOKABELN

die Masern
der Umschlag, -̈e

Helga und Sigrid Schmitz sind krank. Frau Schmitz ruft den Kinderarzt Dr. Gold an.

SPRECHSTUNDENHILFE: Praxis Dr. Gold. Guten Tag.

FRAU SCHMITZ: Guten Tag. Kann ich bitte mal mit dem Doktor sprechen? Es ist dringend.

SPRECHSTUNDENHILFE: Worum geht's denn?

FRAU SCHMITZ: Meine Zwillinge sind krank. Beide haben hohes Fieber und roten Pocken überall.

SPRECHSTUNDENHILFE: Einen kleinen Moment bitte.

DR. GOLD: Gold.

FRAU SCHMITZ: Guten Tag, Herr Doktor. Ich mache mir ernsthafte Sorgen um meine Zwillinge. Beide haben hohes Fieber.

DR. GOLD: Was sind denn die anderen Symptome?

FRAU SCHMITZ: Helga hustet viel und hat starke Kopfschmerzen, und Sigrid ist ganz apathisch und hat Bauchschmerzen. Beide haben Pocken am ganzen Körper.

DR. GOLD: Das klingt wie eine Masern und Erkältung zusammen.

FRAU SCHMITZ: Was soll ich denn tun?

DR. GOLD: Machen Sie erst einmal kalte Umschläge, um das Fieber zu sinken. Ich komme heute nachmittag mal vorbei und schaue mir die beiden an.

FRAU SCHMITZ: Vielen Dank. Ich bin schon ganz verzweifelt. Die beiden sehen wirklich furchtbar aus.

C. Maria Schneiders Aerobic-Kurs

NEUE VOKABELN

der Muskelkater
sich massieren lassen

Maria Schneider und Frau Gretter sprechen über Marias ersten Tag in einem Fitneßcenter.

FRAU GRETTER: Na, Frau Schneider, wie war's in Ihrem tollen Fitneßcenter?

MARIA: Anstrengend. Heute habe ich schrecklichen Muskelkater. Ich wußte gar nicht, wo ich überall Muskeln habe!

FRAU GRETTER: Was haben Sie denn um Gottes Willen gemacht?

MARIA: Aerobics. Kennen Sie das nicht? Ist doch schon alt!

FRAU GRETTER: Aerobics. Nein, kommt wohl aus Amerika!

MARIA: Stimmt. Und Sie wissen wirklich nicht, was das ist?

FRAU GRETTER: Nein.

MARIA: Das ist sehr anstrengende Gymnastik mit Musik.

FRAU GRETTER: Macht da jeder, was er will?

MARIA: Nein, einen Kursleiterin macht die Übungen vor.

FRAU GRETTER: Und wie lange macht man so was?

MARIA: Fast 50 Minuten. Danach bin ich in die Sauna gegangen und habe mich massieren lassen.

FRAU GRETTER: Na, der Teil klingt gut. Für die Massagen komme ich das nächste Mal mit.

D. Noch ein Auszug aus Jochen Rufs Roman, *Kinder, Küche und ein Mann*. Kapitel 3: „Morgens".

NEUE VOKABELN

sich quälen

Der Mann sitzt in seiner Küche und denkt über die Beziehung zu seiner Frau nach.

Heute, ein Tag wie jeder andere, dachte er, als er das Andy Warhol Poster anstarrte. Der Wecker hatte um halb sechs geklingelt. Carla stand auf, zog sich den Bademantel an und machte sich eine Tasse Jasmintee. Ich lag im Bett und vermißte ihre Nähe und Wärme. Dann der Kampf im Badezimmer. Carla will sich immer dann duschen, wenn ich mich gerade aus dem Bett gequält habe. Aber heute gewann ich. Ich war der Erste im Badezimmer. Also putzte ich mir zuerst laut und besonders langsam die Zähne. Doch das half auch nichts. Später in der Küche machte ich uns einen starken Espresso. Carla zog sich schnell an, kämmte sich die noch nassen Haare und gab mir diesen freundschaftlichen Kuß . . . und weg war sie.

Und ich bleibe hier sitzen und unterhalte mich mit der Dose auf dem Poster.

E. Michael ist krank.

NEUE VOKABELN

der Saft

Michael Pusch fühlt sich gar nicht wohl und beschreibt Maria seine Symptome.

MICHAEL: Ich fühle mich furchtbar. Ich habe Kopfschmerzen, Halsschmerzen und fühle mich müde und kaputt.

MARIA: Ich glaube, das nennt man eine Erkältung.

MICHAEL: Ist mir egal, wie man das nennt. Ich will ins Bett, und zwar jetzt gleich.

MARIA: Mach das doch. Ich habe übrigens von Marion gehört, daß es jetzt ein Medikament geben soll, das sofort hilft.

MICHAEL: Und? Wo gibt's das?

MARIA: Wenn du einen Termin mit Dr. Müller machst, wirst du's schon sehen. Er fängt mit einer Vitamin-Spritze an. Dann gibt's einen Saft, etwas bitter, aber effektiv.

MICHAEL: Also, eine Spritze muß ja nicht sein, oder? Und für bitteren Saft bin ich auch nicht.

MARIA: Nee, das alles muß nicht sein, hilft aber . . .

MICHAEL: Ich schlage vor, ich hole mir den Fernseher ans Bett, du holst uns eine Tüte Chips, und wir sehen uns das Fußballspiel an!

MARIA: Ok. Ich hole uns die Chips, aber du massierst mir später den Rücken.

MICHAEL: Ich fühle mich aber so schwach . . .

MARIA: Aber stark genug für den Fernseher bist du, heh!

F. „Aktren": Das neue Schmerzmittel von Bayer

NEUE VOKABELN

unbedingt
der Wirkstoff
sanft umgehen mit

Sie hören Werbung von Bayer.

Mutter und Tochter. Verschiedene Generationen—verschiedene Meinungen. Aber in einem sind sie gleicher Meinung: Ein Schmerzmittel nehmen sie erst, wenn es unbedingt sein muß. Am liebsten eins mit nur einem Wirkstoff, von dem bereits kleine Mengen effektiv und lange helfen. „Aktren" wirkt mit Ibuprofen gegen Kopf-, Zahnschmerzen und Fieber. „Aktren" geht sanft mit ihnen um.

„Aktren"—Niedrig dosiert mit dem Wirkstoff Ibuprofen. Weniger ist oft mehr. Von Bayer.

G. Michael Pusch als Zeuge

NEUE VOKABELN

ausweichen
zusammenstoßen
sich überschlagen
die Tatsache
das Vorurteil

Michael hat einen Unfall gesehen und spricht jetzt mit einer Polizistin.

POLIZISTIN: Haben Sie den Unfall gesehen?

MICHAEL: Ja, ich habe hier geparkt und auf meine Freundin gewartet.

POLIZISTIN: Bitte erzählen Sie genau, was Sie gesehen haben. Was ist passiert?

MICHAEL: Also, der Motorradfahrer ist aus der Schillerstraße gekommen und der rote BMW aus der Schützallee.

POLIZISTIN: Ja, aus der Schützallee . . . und dann?

MICHAEL: Plötzlich ist ein Ball auf die Straße gerollt, und ein Junge ist hinterhergelaufen, genau vor den BMW.

POLIZISTIN: Und was ist dann passiert?

MICHAEL: Der Fahrer des BMW konnte nicht mehr bremsen und ist dem Jungen ausgewichen. Dabei ist er ins Schleudern gekommen und dann mit dem Motorradfahrer zusammengestoßen. Der Motorradfahrer hat sich überschlagen, aber dem Jungen ist nichts passiert.

POLIZISTIN: Wie schnell sind die beiden Fahrzeuge gefahren?

MICHAEL: Wissen Sie, der BMW-Fahrer hatte wirklich keine Schuld. Der Motorradfahrer ist viel zu schnell gefahren.

POLIZISTIN: Vielen Dank, aber ich bin nur an den Tatsachen interessiert, nicht an Ihrer Meinung, wer Schuld und wer keine Schuld hat.

MICHAEL: Sagen sie, Sie wissen doch selbst, wie schnell Motorräder heute sind und wie sicher BMW-Fahrer normalerweise fahren.

POLIZISTIN: Ich glaube, Sie haben eine ganze Menge Vorurteile. Fahren Sie vielleicht auch einen BMW?

Rollenspiel

NEUE VOKABELN

das Druckgefühl, -e
das Beruhigungsmittel, -
der Nebeneffekt, -e

FRAU BREIDENBACH: Guten Tag, Herr Dr. Blömer.

DR. BLÖMER: Guten Tag, Frau Breidenbach. Was kann ich für Sie tun?

FRAU BREIDENBACH: Das weiß ich auch noch nicht. Ich bin wahrscheinlich nur überarbeitet. Es geht mir überhaupt nicht gut.

DR. BLÖMER: Beschreiben Sie mir Ihre Symptome.

FRAU BREIDENBACH: Ich bin in der letzten Woche zweimal mit Herzrasen aufgewacht, habe keinen Appetit und bin fast immer müde.

DR. BLÖMER: Haben Sie Schmerzen?

FRAU BREIDENBACH: Eigentlich nicht. Mein Magen ist nur sehr nervös, und manchmal habe ich ein Druckgefühl im Bauch.

DR. BLÖMER: Wann haben Sie dieses Druckgefühl?

FRAU BREIDENBACH: Vor allem vor wichtigen Sitzungen.

DR. BLÖMER: Das klingt alles nach Stresssymptomen. Ich kann Ihnen Beruhigungsmittel verschreiben und empfehle Ihnen, einen Ausgleichsport zu machen.

FRAU BREIDENBACH: Gibt es vielleicht natürliche Mittel, die wenig Nebeneffekte haben?

DR. BLÖMER:	Ja, natürlich, doch keine Medizin der Welt kann Ihnen gegen eine ungesunde Lebensweise helfen. Es werden an der Volkhochschule hier in Berlin mittlerweile auch Kurse zur Stressreduzierung angeboten.
FRAU BREIDENBACH:	Das klingt gut. Ich hatte auch schon mal an Yoga gedacht.
DR. BLÖMER:	Das geht auch, aber ich untersuche trotzdem mal Ihren Magen, um zu sehen, ob Ihre Magenschmerzen nicht vielleicht doch eine physische Ursache haben.

Aussprache und Orthographie

Kurze und lange Vokale

AUSSPRACHE

The German vowels **i, e, a, o, u, ü,** and **ö** have short and long variants. In English, the terms *short* and *long* refer mostly to the quality of sound (*bit, bite*); in German, however, the most important distinction is length. Along with this change in vowel length there is often a slight change in vowel quality as well. We will look at these changes in more detail in subsequent chapters. When doing the following exercises, remember not to glide off into other vowel sounds as you pronounce the long vowels.

A. Listen to and pronounce the following words containing long and short i-sounds.

fliegen, Nichte; wieder, schwimmen; griechisch, sitzen

B. Listen to and pronounce the following words containing long and short ü-sounds.

früh, Küsse; Züge, müssen; spülen, Stück

C. Listen to and pronounce the following words containing long and short e-sounds.

lesen, essen; nehmen, treffen; stellen, stehen

D. Listen to and pronounce the following words containing short and long ö-sounds.

mögen, möchten; Öfen, öffnen; Röder, Göttingen

E. Listen to and pronounce the following words containing short and long a-sounds.

tragen, machen; baden, hassen; Bahnhof, Stadt

F. Listen to and pronounce the following words containing short and long o-sounds.

Sohne, Sonne; so, Sommer; Hof, hoffen

G. Listen to and pronounce the following words containing short and long u-sounds.

Zug, Junge; tun, Pfund; Flug, Kuß

ORTHOGRAPHIE

Signale für kurze und lange Vokale

German spelling usually indicates whether a stressed vowel should be pronounced long or short. Here are the two most important rules.

Rule 1:
A vowel is long when it is doubled or followed by an **h**. Common double vowels are **ee** and **oo**; the double **i** is spelled **ie**. All vowels can be followed by **h**: **ah, eh, ih, oh, uh, äh, öh, üh.**

A. Listen and write the words you hear with the double letters **aa, ee, oo,** and **ie.**

1. Staat   2. See   3. fliegen   4. hier   5. Haar   6. Tee   7. Boot   8. geblieben   9. paar

B. Now listen and write the words you hear with a vowel followed by **h.**

1. Wohnung   2. Schuh   3. ihn   4. fahren   5. erzählen   6. früh   7. nehmen   8. Söhne   9. Nähe

Rule 2:
A vowel is usually short when it is followed by two or more consonants other than **h.**

C. Listen and write the words you hear with a single vowel followed by two or more consonants. If you hear only one consonant, this consonant will be doubled in writing.

1. trinken   2. Rücken   3. zusammen   4. Kopf   5. essen   6. Mutter   7. möchten   8. Zwillinge
9. kommen

KAPITEL 10

HÖRVERSTÄNDNIS

A. In einem exklusiven Restaurant

NEUE VOKABELN

die Vorspeise, -n
die Hauptspeise, -n
der Geschäftsführer / die Geschäftsführerin
die Beschwerde, -n
probieren

Michael und Maria gehen in München in ein französisches Restaurant. Es ist eines der teuersten und exklusivsten in der Stadt.

MARIA:	Wenn das Essen so gut ist wie das Design, kann es ja nur schmecken.
MICHAEL:	Also als ich das letzte mal hier war, waren Service und Essen fantastisch.
NARRATOR:	(*Der Kellner kommt und sie bestellen als Vorspeise einen Salat für Maria und eine Fischsuppe für Michael. Als Hauptspeise bestellen beide Rinderfilet.*)
MICHAEL:	Köstlich, das ist butterweiches Fleisch, wirklich zart.
MARIA:	Ich möchte mein Filet ja auch gerne probieren, aber . . . Herr Ober, ich kann dieses Fleisch nicht essen, denn . . .
KELLNER:	Aber gnädige Frau, das ist ausgezeichnetes Fleisch, unser Chefkoch ist aus Frankreich, und er wählt alles selber aus und bereitet es immer sorgfältig zu.
MARIA:	Ja, aber . . .
KELLNER:	Bitte warten Sie einen Moment, ich hole die Geschäftsführerin.
GESCHÄFTSFÜHRERIN:	Ich höre, es gibt ein Problem. Das ist wirklich noch nie vorgekommen. Wir servieren das beste Fleisch in der Stadt und hatten noch nie eine Beschwerde.
MARIA:	Ja, aber . . .
GESCHÄFTSFÜHRERIN:	Einen Moment bitte, ich hole Ihnen sofort unseren Chefkoch.
CHEFKOCH:	Gnädige Frau, also ich kann mir wirklich nicht erklären, was das Problem ist. Das Fleisch war ganz frisch und alle anderen Zutaten auch.
MARIA:	Ja, das glaube ich ja alles. Dieses Filet ist bestimmt zart, Sie haben nur frische Zutaten benutzt und sind ein fantastischer Koch. Ich kann dieses butterweiche, sehr sehr zarte und frische Filet nur nicht probieren.
ALLE:	Wieso?!
MARIA:	Weil ich kein Messer habe!!

B. Gesünder leben

NEUE VOKABELN

zur Abwechslung
So kommen wir nicht weiter.
der Popper, -
der Müslifresser, -
der Gesundheitstick, -s
Ich stehe nicht darauf.
Das kann ja heiter werden.

Frau Ruf glaubt, ihre Tochter Jutta könnte gesunder essen. Sie spricht mit Jutta über ihre Ernährung.

FRAU RUF: Also jedesmal, wenn ich dich sehe, ißt du Hamburger und trinkst Cola dazu. Kannst du nicht zur Abwechslung mal gesündere Sachen essen?

JUTTA: Jetzt fang doch nicht wieder damit an. Ich esse schon gesund, nur eben anders. Hamburger sind genauso gesund wie deine Frikadellen, und Cola ist auch nicht schlimmer als dein Kaffee mit Milch und Zucker.

FRAU RUF: Ach nee, und wo sind die Vitamine? Du willst mir doch nicht auch noch erzählen, daß Hamburger Vitamine haben.

JUTTA: Doch, immerhin sind da Tomaten und Salat darauf. Haben die etwa keine Vitamine?

FRAU RUF: Ja, aber das eine Salatblatt und die zwei Tomatenscheiben reichen ja wirklich nicht. Und du siehst im Moment wirklich schlecht aus.

JUTTA: Der gesunde Look ist sowieso vorbei. Da steht doch keiner mehr d'rauf. Die Popper und Yuppies können von mir aus weiter ihre langweiligen Salate essen und die Müslifresser ihre gesunden Körner mit organischen Äpfeln . . .

FRAU RUF: Ißt du denn wenigstens, was dein Vater kocht?

JUTTA: Ach, der mit seinen Suppen. Jeden Tag macht der Suppe, und ich mag nun mal keine Suppe.

FRAU RUF: Dann sag ihm doch, daß du 'was anderes willst.

JUTTA: Dann macht er Salate, und da steh' ich auch nicht d'rauf.

FRAU RUF: Aber Hamburger sind auch nicht die richtige Lösung, ob mit Salat und Tomaten, oder ohne. Du brauchst Obst und Gemüse. Von jetzt an koche ich wieder.

JUTTA: Das kann ja heiter werden.

C. Werbung für Haushaltsgeräte.
Sie hören zwei Werbetexte: einen für einen Wäschetrockner und einen für einen Haartrockner.

NEUE VOKABELN

zart
der Verbrauch
der Schalter

Der neue Bauknecht Wäschetrockner. Die zarte Kraft. Er ist zart zur Wäsche: Seine vielen Trockenprogramme pflegen die Wäsche genauso wie Sie es brauchen und wollen. Er ist stark. Er trocknet 5 kg mit minimalem Energieverbrauch in kürzester Zeit. Bauknecht weiß, was Frauen wünschen.

Braun silencio 1600 professional control 12. Endlich ein Haartrockner, der macht, was Sie wollen. Und zwar gleich 12mal. Zwölf Möglichkeiten, Haare zu trocknen: Ein Schalter reguliert die Temperatur: kühl, lauwarm, warm, sehr warm. Der andere den Luftstrom: schwach, stärker, ganz stark. Und Sie kombinieren Wind und Wärme, wie Sie wollen. Macht 12 Stufen. Zum Beispiel, sanft und kühl für dauerhafte Locken. Oder expreß bei vollen 1600 Watt, je nach Frisur. Und immer leise.

D. Sofie will für ein Abendessen einkaufen. Diesmal läßt sie Willi nicht alleine gehen. Sie gehen zusammen auf den Markt in Dresden.

NEUE VOKABELN

die Nase voll haben

SOFIE: Siehst du die Gemüsefrau, die immer so gute Kartoffeln hatte?
WILLI: Meinst du die dahinten?
SOFIE: Genau, die.
GEMÜSEFRAU: Frische Kartoffeln, das Kilo nur 6 Mark.
WILLI: Die spinnt doch wohl. Sechs Mark für ein Kilo Kartoffeln??
SOFIE: Du mußt dich so langsam an die neuen Westpreise gewöhnen. . . . Ich hätte gern ein Pfund von den festkochenden Kartoffeln.
GEMÜSEFRAU: Bitte sehr. Darf's sonst noch 'was sein? Der Kopfsalat hier ist auch ganz frisch. Oder vielleicht grüne Bohnen. Das Pfund nur 3,20.
SOFIE: Magst du Bohnen?
WILLI: Nee, eigentlich nicht. Mensch, nimm doch ein paar von den kleinen Karotten. Die sehen so gut aus.
SOFIE: O.K., aber dafür weiß ich einen besseren Stand. Dahinten, neben dem Käsewagen.
WILLI: Soll ich uns noch Käse holen?
SOFIE: Klar, guck mal, was die im Angebot haben. Ich mag am liebsten frischen Holländer.

. . .

WILLI: Guten Tag. Haben Sie heute frischen Holländer?
MANN AM KÄSESTAND: Nein, tut mir leid. Der ist weg, ganz wie in alten Zeiten. Aber probieren Sie doch mal den Leerdamer. Auch so'ne neue Spezialität.
WILLI: Hm, der ist wirklich gut. Ich hätte gerne ein viertel Pfund.
MANN: Das macht 2,40 Mark. Sonst noch 'was?
WILLI: Nein, das wär's.

. . .

SOFIE: Ich habe ganz frischen Broccoli gekriegt. Und am Brotwagen gab's noch warme Sesambrötchen. Magst du die?
WILLI: Das schon, aber ich frage besser nicht nach dem Preis.
SOFIE: Na ja, 60 Pfennig pro Brötchen.
WILLI: Dafür haben wir ja vorher ein ganzes Brot bekommen.
SOFIE: Stimmt, aber es gab auch nur selten Sesambrötchen.
WILLI: Also, ich hab' jetzt die Nase voll vom Einkaufen. Komm, ich lad' dich zum Italiener ein, und wir essen ein Eis oder trinken einen Cappuccino.
SOFIE: Der ist dir wohl nicht zu teuer, eh?
WILLI: Nee, ein guter Kaffee kann eigentlich nicht zu teuer sein . . .

E. „Allkauf"-Supermarkt

NEUE VOKABELN

ausgesucht
der Korb, ̈e

Und jetzt eine Mitteilung von Ihrem „Allkauf"-Supermarkt.

Die „Allkauf"-Supermärkte machen Ihnen das beste Angebot: ausgesuchteste Qualität zu günstigen Preisen. Bei „Allkauf" finden Sie das beste Fleisch, für Sie zubereitet von unseren Metzgern. Hier sind unsere Sonderangebote für morgen, Donnerstag: Rindfleisch 7,45 DM pro Kilo; Schweinskotelettes 8,10 DM pro Kilo; Filetspitzen nur 14,58 DM pro Kilo. Probieren Sie auch unsere Fischabteilung mit tiefgefrorenen und frischen Fischdelikatessen. Besuchen Sie unsere Gemüseabteilung. Orangen 2,95 DM pro Kilo;

Weintrauben 3,25 DM pro Kilo; frische Erdbeeren nur 1,99 DM pro Korb. Denken Sie daran. Im „Allkauf"-Supermarkt finden Sie die beste Qualität zum günstigsten Preis.

F. Nur das Beste für Maria

NEUE VOKABELN

der Pelz, -e
der Kunstpelz, -e
die Kaputze
der Fuchs

Michael sucht ein Geschenk für Maria. Er will ihr einen Mantel kaufen und geht in eine teure Boutique.

VERKÄUFERIN: Guten Tag, kann ich Ihnen helfen?
MICHAEL: Ja, ich suche einen Mantel für meine Freundin.
VERKÄUFERIN: Haben Sie an 'was Bestimmtes gedacht?
MICHAEL: Er sollte nicht zu sportlich sein, aber auch nicht zu elegant. Vielleicht irgendwas mit Pelz.
VERKÄUFERIN: Ja, da gibt's jetzt tolle Sachen. Hier ist zum Beispiel ein Mantel im Trenchcoatstil mit pelzgefütterter Kapuze. Und hier ist ein eleganteres Modell, ganz weit geschnitten mit einem Innenfutter aus Pelz.
MICHAEL: Sagen Sie, das sind ja alles Kunstpelze?
VERKÄUFERIN: Ja, was haben Sie denn gedacht? Die meisten Modedesigner verwenden heute Kunstpelze. Die sehen genauso gut aus, sind auch warm und . . .
MICHAEL: Ich verstehe schon, aber so 'n Fuchspelzmantel ist schon schön.
VERKÄUFERIN: Tut mir leid, wir führen gar keine echten Pelze mehr. Sprechen Sie einfach mal mit Ihrer Freundin. Vielleicht will Sie ja keinen echten Pelz.
MICHAEL: Vielleicht.

Rollenspiel

Rainer Bergmann arbeitet in Bonn als Anwalt. Er hat sich heute einen teuren Anzug gekauft. Als er nach Hause gekommen ist, hat er einen Flecken auf dem Sakko gesehen. Er bringt den Anzug zurück ins Geschäft.

Sie hören das Gespräch zwischen ihm und der Verkäuferin, die ihn bedient hat.

RAINER: Guten Tag. Ich möchte diesen Anzug hier umtauschen.
VERKÄUFERIN: Stimmt etwas nicht? Er hat doch gut gepaßt?
RAINER: Er paßt auch immer noch gut, aber auf dem Sakko ist ein großer Fleck.
VERKÄUFERIN: Ein Fleck? Also das kann gar nicht sein.
RAINER: Doch, sehen Sie hier. Es könnte Fett oder eine Lippenstiftspur sein.
VERKÄUFERIN: Also, unsere Anzüge werden normalerweise nicht von Damen anprobiert. Zeigen Sie mal. Ja, da ist ein kleiner Fleck. Bringen Sie den Anzug doch einfach in die Reinigung. Ich bin sicher, er geht sofort 'raus.
RAINER: Ich bin nicht hierhergekommen, um den Anzug in die Reinigung zu bringen, sondern um ihn umzutauschen.
VERKÄUFERIN: Wir tauschen reduzierte Ware leider grundsätzlich nicht um.
RAINER: Sie werden mir doch nicht erzählen wollen, daß ich selbst für den Schaden aufkommen muß?
VERKÄUFERIN: Tut mir leid, aber das ist nun mal unsere Geschäftspolitik: reduzierte Ware ist vom Umtausch ausgeschlossen.
RAINER: Dann möchte ich bitte sofort mit dem Geschäftsführer sprechen . . .

Aussprache und Orthographie

AUSSPRACHE

Die hohen Vokale; die *i*-, *ü*- und *u*-Laute

As you remember from the previous chapters, long vowels in German are more closed than short vowels. This means that the jaws are closer together when pronouncing long vowels.

A. Listen to the following word pairs that contain long and short i-, ü-, and u-sounds. Concentrate on the difference in vowel length, as well as the difference in vowel quality.

i   Wiese, wisse; biete, bitte; siezen, sitzen
ü   Wüste, wüßte; fühlen, füllen; Züge, zücke
u   Buße, Busse; bucht, Bucht; Flug, Flucht

B. Listen to and pronounce the following words with long and short i.

lang   fließen, Gebiet, Niederung, tief, Wiese, Diesel
kurz   dicht, Insel, Filter, Schiff, Schild, wischen

C. Remember to round your lips as you listen to and pronounce the following words with long and short ü.

lang   Mühe, fühlen, prüfen, Vergnügen, Hügel, süß
kurz   Küste, pünktlich, zurück, Stück, Abkürzung, Küche

D. Listen to and pronounce the following words with long and short u. Remember that the German **u** is a little "darker" than the American English *u*. This means it is pronounced farther back in the mouth.

lang   Zug, Flug, Hupe, Ufer, Zustand, Fußweg
kurz   Bucht, Fluß, Bus, Punkt, Turm, Druck

E. Listen to and pronounce the following word pairs. Concentrate on making a clear distinction between the u- and ü-sounds.

lang   Zug, Züge; Flug, Flüge; Fuß, Füße
kurz   Fluß, Flüsse; Kuß, Küsse; Turm, Türme

F. Now listen to and repeat the following sentences. Concentrate on the various i-, ü-, and u-sounds.

1. Flüge nach Brüssel gehen morgens um 10 Uhr ab.
2. Ein Flugzeug zu fliegen ist kein Kinderspiel.
3. Reservieren Sie sich ein Stück Pünktlichkeit für Ihren nächsten Flug.
4. Bevor ich mein Auto benutze, überprüfe ich die Warnblinkanlage.
5. Der neue VW Golf Diesel ist viertürig und hat ein Schiebedach.

ORTHOGRAPHIE

ei/ie

Whereas the German letters **ei** are pronounced like the English long *i*, the German letters **ie** are pronounced like the English long *e* (*seem*). Some students use the English phrase *Eisenhower's niece* to remember the pronunciation of German **ei** and **ie**. Others say they think of the English way of pronouncing the second letter—that is, English long *i* for German **ei** and English long *e* for German **ie**.

Listen and write the words you hear with the letter combinations **ei** and **ie**.

1. reisen   2. drei   3. viel   4. Stiefel   5. Schreibtisch   6. liest   7. ziemlich   8. Klavier   9. Studentenheim

Groß- und Kleinschreibung (Wiederholung)

Remember that German nouns are capitalized, as are the pronouns that refer to the second person formal: **Sie, Ihnen, Ihr.** The pronoun **ich** is not capitalized, nor are adjectives referring to countries or languages.

Bearing this in mind, complete the following dialogue as you listen to the tape.

FRAU RUF: Guten <u>Tag</u>, Herr Wagner, nett, <u>Sie</u> mal wieder zu treffen.

HERR WAGNER: Ach ja, guten Tag, <u>Frau</u> Ruf. Wie geht's denn der <u>Familie</u>?

FRAU RUF: So wie <u>immer</u>, eigentlich. Und Sie, wie steht's bei <u>Ihnen</u>? Haben Sie schon wieder eine neue <u>Stelle</u>?

HERR WAGNER: Ja, <u>ich</u> arbeite im <u>Moment</u> bei einer japanischen Computerfirma, nicht sehr aufregend, aber naja, <u>man</u> ist ja schon froh, wenn man nicht <u>arbeitslos</u> ist.

FRAU RUF: Da haben <u>Sie</u> recht, Herr Wagner. Mein <u>Mann</u> ist ja nun schon zehn Jahre zu <u>Hause</u>, und ich glaube, der findet <u>nichts</u> mehr.

HERR WAGNER: Dafür haben Sie ja einen recht netten <u>Beruf</u>, nicht?

FRAU RUF: Ja, schon, aber wenn mein Mann nur den ganzen <u>Tag</u> zu Hause <u>sitzt</u>, dann kommt er immer auf dumme <u>Gedanken</u>. Aber was soll's. Herr Wagner, <u>ich</u> muß jetzt wieder weiter. Auf <u>Wiedersehen</u>!

KAPITEL 11

HÖRVERSTÄNDNIS

Dialoge aus dem Text

A. Am Fahrkartenschalter. Silvia steht am Fahrkartenschalter und möchte mit dem Zug von Göttingen nach München fahren.

BAHNBEAMTER: Bitte schön?
SILVIA: Ich möchte morgen nach München fahren. Wann geht der erste Zug?
BAHNBEAMTER: Moment, da muß ich nachsehen . . . um 6.30 Uhr.
SILVIA: Das ist mir ein bißchen zu früh. Wann geht der nächste?
BAHNBEAMTER: Um 8.05 Uhr geht ein Intercity über Würzburg und Nürnberg.
SILVIA: Gut. Eine Fahrkarte zweiter Klasse bitte.
BAHNBEAMTER: Einfach oder Hin- und Rückfahrt?
SILVIA: Hin und zurück bitte. Wo fährt der Zug ab?
BAHNBEAMTER: Gleis 14. Das macht dann 138 Mark bitte.
SILVIA: Wie lange dauert die Fahrt?
BAHNBEAMTER: Fünf Stunden und . . . Moment . . . 17 Minuten genau.
SILVIA: Vielen Dank.

B. Jürgen ist bei Silvias Mutter zum Geburtstag eingeladen.

JÜRGEN: Wie komme ich denn zu eurem Haus?
SILVIA: Das ist ganz einfach. Wenn du aus dem Bahnhofsgebäude herauskommst, siehst du rechts auf der anderen Seite der Straße ein Lebensmittelgeschäft. Geh über die Straße, links am Lebensmittelgeschäft vorbei, und wenn du einfach geradeaus weitergehst, kommst du auf die Bismarckstraße. Die mußt du nur ganz hinaufgehen, bis du zu einem Kreisverkehr kommst. Direkt auf der anderen Seite ist unser Haus.

C. Claire und Melanie sind in Göttingen und suchen die Universitätsbibliothek.

MELANIE: Entschuldige, kannst du uns sagen, wo die Universitätsbibliothek ist?
STUDENT: Ach, da seid ihr aber ganz schön falsch. Also, geht erst mal die Straße wieder zurück bis zu der großen Kreuzung. Über die Kreuzung hinüber und in die Fußgängerzone hinein. Immer geradeaus durch die Fußgängerzone bis zur Prinzenstraße. Da rechts. Auf der rechten Seite seht ihr dann die Post. Direkt gegenüber von der Post ist die Bibliothek. Könnt ihr gar nicht verfehlen.
MELANIE UND CLAIRE: Danke.

D. Frau Frisch findet ein Zimmer im Rathaus nicht.

FRAU FRISCH: Entschuldigen Sie, ich suche Zimmer 204.
SEKRETÄRIN: Das ist im 3. Stock. Gehen Sie den Korridor entlang bis zum Treppenhaus. Dann eine Treppe hinauf und oben links. Zimmer 204 ist die zweite Tür auf der rechten Seite.
FRAU FRISCH: Vielen Dank. Da hätte ich ja lange suchen können . . .

E. Auf Zimmersuche. Frau und Herr Ruf suchen ein Zimmer.

HERR RUF: Guten Tag, haben Sie noch ein Doppelzimmer mit Dusche frei?
WIRTIN: Wie lange möchten Sie denn bleiben?
HERR RUF: Drei Nächte.
WIRTIN: Ja, da habe ich ein Zimmer mit Dusche und Toilette.
FRAU RUF: Ist das Zimmer auch ruhig?
WIRTIN: Natürlich. Unsere Zimmer sind alle ruhig.
FRAU RUF: Was kostet das Zimmer denn?
WIRTIN: 54 Mark pro Nacht.
HERR RUF: Ist da Frühstück dabei?
WIRTIN: Selbstverständlich ist Frühstück dabei.
FRAU RUF: Wir nehmen das Zimmer.
HERR RUF: Und wann können wir frühstücken?
WIRTIN: Von acht bis zehn im Frühstückszimmer.

F. Dialog. Melanie und Josef gehen aus. Melanie und Josef haben sich einen Tisch ausgesucht und sich hingesetzt. Der Kellner kommt an ihren Tisch.

KELLNER: Bitte schön?
MELANIE: Könnten wir die Speisekarte haben?
KELLNER: Natürlich. Möchten Sie etwas trinken?
MELANIE: Für mich ein Mineralwasser bitte.
JOSEF: Und für mich ein Bier.
KELLNER: Gern.

. . .

KELLNER: Wissen Sie schon, was Sie essen möchten?
MELANIE: Ich möchte das Rumpsteak mit Pilzen und Kroketten.
JOSEF: Und ich hätte gern die Forelle „blau" mit Kräuterbutter, grünem Salat und Salzkartoffeln. Dazu noch ein Bier bitte.
KELLNER: Gern. Darf ich Ihnen auch noch etwas zu trinken bringen?
MELANIE: Nein, danke, im Moment nicht.

Weitere Hörtexte

A. Eine Reise nach Deutschland. Nach der Deutschklasse: Frau Schulz erzählt Heidi und Stefan von ihrer letzten Reise nach Deutschland. Stefan und Heidi haben viele Fragen, weil sie im nächsten Sommer nach Deutschland fahren wollen.

HEIDI: Hat es Ihnen in Deutschland gefallen?
FRAU SCHULZ: Ja, es war schön, wie immer.
STEFAN: Und wie lange waren Sie diesmal da?
FRAU SCHULZ: Leider nur zwei Wochen, diesmal. Ich hatte nicht mehr Zeit.
HEIDI: Haben Sie bei Freunden übernachtet?
FRAU SCHULZ: Ja, in der ersten Woche war ich bei Freunden, aber danach habe ich in einer Pension in Würzburg gewohnt.
STEFAN: Sind Pensionen billiger als Hotels? Heidi und ich wollen nämlich im Sommer nach Deutschland fliegen und . . .
HEIDI: . . . wir wollen das mit den Pensionen mal probieren, weil Hotels sicher zu teuer für uns sind.
FRAU SCHULZ: Eine Pension ist eigentlich ein Privathaus, in dem einige Zimmer an Gäste vermietet werden. Diese Zimmer sind natürlich preiswerter als ein Zimmer in einem Hotel, aber so furchtbar billig sind sie auch nicht. Wenn Sie wirklich billig übernachten wollen, suchen Sie sich eine Jugendherberge.

STEFAN: Jugendherberge?

FRAU SCHULZ: Ja, besorgen Sie sich einen internationalen Jugendherbergsausweis. Damit können Sie in jeder Jugendherberge in Deutschland und Österreich, und natürlich auch allen anderen Ländern, für wenig Geld übernachten.

HEIDI: Sind diese Jugendherbergen sauber?

FRAU SCHULZ: So genau weiß ich das nun auch wieder nicht, aber ich bin ziemlich sicher, daß Sie nicht mit Ratten oder Mäusen kämpfen werden.

STEFAN: Das kann ich nur hoffen, Sie haben Heidis Kampf mit einer Maus nämlich noch nicht gesehen!

B. Nach dem Weg fragen. Heidi und Stefan sind in Deutschland angekommen und machen eine Tour durch Köln. Sie haben sich verlaufen und suchen die Jugendherberge, die ganz nahe am Neumarkt ist. Verzweifelt fragen sie Passanten nach dem Weg.

HEIDI: Entschuldigung, wir suchen den Neumarkt. Können Sie uns sagen, wie wir dahin kommen?

MANN: Den Neumarkt wollen's, na, da kann ich Ihnen net helfe, ich bin nämlich auch net von hier.

STEFAN: Entschuldigen Sie, wir suchen den Neumarkt?

FRAU: Den Neumarkt. Also, warten Sie mal, vielleicht dahinten? Nein, da vorne? Nein, auch nicht . . . ach, tut mir leid, ich habe zwar das Schild Neumarkt gerade gelesen, aber jetzt weiß ich nicht mehr wo . . .

HEIDI: Kannst Du uns vielleicht sagen, wo der Neumarkt ist? Ist das südlich oder nördlich von hier?

JUNGER MANN: Also ob südlich oder nördlich weiß ich auch nicht, aber es geht hier rechts ab. Folgt der Straße bis zum Ende und biegt dann nach links ein. Wenn ihr den Dom seht, fragt noch mal.

HEIDI: Vielen Dank, ich dachte schon, wir müßten im Regen übernachten.

C. Die Diashow. Claire ist wieder in Regensburg und zeigt Melanie und Josef Dias von ihrer Reise.

CLAIRE: Josef, kannst du uns bitte noch die Chips aus der Küche holen?

JOSEF: Klar, ich bring' auch noch was zu trinken mit, aber fangt nicht ohne mich an.

CLAIRE: Ok, können wir?

MELANIE UND JOSEF: Ja, fang an.

CLAIRE: Also hier seht ihr den schweizer Grenzübergang, meinen netten Zollbeamten und die Automodelle, die ich in die Schweiz fahren sah.

JOSEF: Mensch, da ist ja wirklich kein Auto unter 60.000 Mark.

CLAIRE: Und hier, ach, sind die Dias durcheinander, hier ist der Rheinfall.

MELANIE: Sehr beeindruckend, bist du naß geworden?

CLAIRE: Nee, das Wetter in Luzern hat mir gereicht. Ich wollte nicht wieder naß werden. Ja, und hier ist die Schweizerin, mit der ich lange über die Frauenbewegung gesprochen habe.

JOSEF: Die sieht nett aus.

CLAIRE: War sie auch. Hier haben wir die Bahnhofstraße, eine teure Boutique neben der anderen.

MELANIE: Das sieht ja wirklich teuer aus.

CLAIRE: Die Preise fand ich gar nicht so überraschend, aber die Sauberkeit. Die meisten Leute waren zudem sehr sehr freundlich, selbst die Kinder waren kaum laut.

JOSEF: Ah ja, da ist ja eine Gruppe von Gymnasiasten.

CLAIRE: In der Schweiz gehen die aufs Lyzeeum, glaube ich, ist aber wohl auch nicht besser als das deutsche Gymnasium oder die amerikanische High-School.

MELANIE: Josef, kannst du mir bitte mal die Chips reichen? Danke. Sag mal, Claire, wo willst du denn als nächstes hinfahren?

CLAIRE: Ich glaube nach Südfrankreich, in die Provence oder so.

JOSEF: Da kommen wir mit. Wir könnten doch unsern VW Bus nehmen und zelten fahren.

CLAIRE: O ja, gute Idee . . .

D. Im Restaurant

NEUE VOKABELN

das Portemonnaie, -s

Maria hat Geburtstag, und Michael hat sie in ein teures Restaurant eingeladen. Leider hat er ein Problem.

MARIA: Vielen Dank noch mal für deinen schönen Mantel. Muß ja schwierig für dich gewesen sein, keinen echten Pelz zu kaufen.

MICHAEL: Na ja, man geht mit der Zeit, selbst ich. Und mir gefiel die Farbe so gut: dunkelviolett, steht dir auch so gut. Aber meine Mutter hat immer schon gesagt, daß ich einen guten Geschmack habe.

MARIA: Ja, deine Mutter, was die nicht alles sagt. Das Essen ist übrigens auch ausgezeichnet. Meine Scampi sind spitze. Wie ist denn dein Filetsteak?

MICHAEL: Auch gut.

(der Kellner kommt)

KELLNER: Hat's geschmeckt?

MICHAEL: Ausgezeichnet, danke.

KELLNER: Kann ich Ihnen die Dessertkarte bringen?

MARIA: Nein danke, ich kann nicht mehr. Vielleicht noch einen Espresso.

MICHAEL: Ja, für mich auch bitte. Und könnten Sie uns dann auch bitte die Rechnung bringen?

KELLNER: Natürlich.

MICHAEL: (sucht in seiner Hosentasche) Du, Maria!

MARIA: Ja, was ist denn, du siehst ein bißchen blaß um die Nase aus.

MICHAEL: Ehm, ich, ich glaube, ich habe mein Portemonnaie zu Hause auf dem Tisch liegen lassen.

MARIA: Ach, du Ärmster, du wirst ja ganz verlegen. Ist doch kein Problem. Ich leg' dir das Geld aus.

MICHAEL: Ja, aber, vielleicht gibst du mir dein Geld unter dem Tisch.

MARIA: Unter dem Tisch? Sag mal, spinnst du? Wo kommen wir denn da hin? Hier, nimm mein Portemonnaie und bezahl damit.

MICHAEL: Nein, das kann ich wirklich nicht. Wie sieht das denn aus?

MARIA: Warum müssen Männer eigentlich immer alles so kompliziert machen?

MICHAEL: Kompliziert, ich mache . . .

Rollenspiel

Im Hotel. Ein Tourist betritt ein Hotel im München und fragt an der Rezeption nach einem Zimmer.

MANN: Guten Tag. Haben Sie noch Zimmer frei?

FRAU: Ja, warten Sie mal, wir haben noch ein Doppelzimmer und ein Einzelzimmer frei bis morgen abend.

MANN: Ich bleibe nur eine Nacht. Sind beide mit Bad?

FRAU: Nur das Doppelzimmer. Das Einzelzimmer hat nur ein Waschbecken; Bad und Toilette sind auf dem Flur.

MANN: Die Straße hier ist ja ziemlich laut. Wird das nachts ruhiger?

FRAU: Leider nicht, aber alle unsere Zimmer haben Isolierverglasung. Sie können den Verkehr praktisch nicht hören.

MANN: Gut, ich glaube, ich nehme das Doppelzimmer. Wieviel kostet das?

FRAU: 120 Mark, inklusive Frühstück.

MANN: Und wie lange kann man frühstücken?

FRAU: Unser Frühstücksraum ist von 7.30 bis 10 Uhr geöffnet. Sie finden ihn hier rechts neben der Rezeption.

MANN: Ach, und sagen Sie, gibt es Telefon auf dem Zimmer?
FRAU: Ja, selbstverständlich. Wählen Sie nur eine 9 und Sie haben die Amtsleitung.
MANN: Schön.
FRAU: Könnten Sie bitte dann dieses Formular ausfüllen? Ich brauche Ihre Personalien.
MANN: Ja natürlich. Lassen Sie mich nur eben meine Sachen aus dem Wagen holen. Kann ich übrigens hier vorne stehenbleiben?
FRAU: Ich empfehle Ihnen, den Hotelparkplatz um die Ecke zu benutzen.
MANN: Vielen Dank, ich bin gleich zurück.

Aussprache und Orthographie

AUSSPRACHE

Die mittleren Vokale: die *e-*, *ö-* und *o*-Laute

Each German vowel has a long and a short sound. Long vowels are more closed, which means that the jaws are closer together than when pronouncing short vowels, which are consequently called *open vowels*.

This difference in vowel quality is most easily heard with the **e-**, **ö-**, and **o**-sounds.

As you know from previous chapters, the **ö**-sounds are rounded versions of the **e**-sounds. Thus, whatever is said about the **e**-sounds holds true for the **ö**-sounds as well, with the notable distinction that there is considerable lip-rounding for the **ö**-sounds.

A. Listen closely to the following word pairs and notice how the vowel length influences the vowel quality.

- **e** stehle, Stelle; wen, wenn; See, Sessel
- **ö** hören, Töchter; mögen, möchten; Öfen, öffnen
- **o** Ofen, offen; Sohn, Sonne; froh, Frosch

B. Now pronounce the following words with **e**-sounds. Keep in mind that German vowels are "pure" vowels, which means they do not glide off into other vowels.

- lang fegen, Besen, Teekanne, ansehen, lesen, wem
- kurz kennen, helfen, Treppe, Bett, Ecke, hell

C. Pronounce the following words with **ö**-sounds. Remember to keep your lips rounded.

- lang möglich, fröhlich, möbliert, größer, schön, hören
- kurz möchte, können, Göttingen, geöffnet, körperlich, Wörterbuch

D. While you pronounce the following words with **o**-sounds, keep in mind that the German short **o** is similar to the vowel sound in the English word *hall.*

- lang Hof, wohnen, Ofen, Sofa, Foto, groß
- kurz kosten, trocken, kochen, Kopfkissen, Rolle, von

E. As you know, the short **o**-sound is different from the short **a**-sound. Concentrate on making this distinction as you pronounce the following word pairs with short **o**- and short **a**-sounds.

Bonn, backen; komm, Kamm; voll, fallen

F. Now repeat the following sentences. Concentrate on producing the various **e-**, **ö-**, and **o**-sounds.

1. Was kostet das Sofa in der Ecke?
2. Den Hof fegt man mit einem Besen.
3. Ich möchte eine möblierte Wohnung mit Kochnische und Dusche.
4. Meine Wohnung in Göttingen ist schöner und größer.
5. Können Sie mir helfen, den Ofen ins Eßzimmer zu tragen?

KAPITEL 12

HÖRVERSTÄNDNIS

A. Marta Szerwinski: Polin in Deutschland

NEUE VOKABELN

umsiedeln
die Spätaussiedler (*pl.*)
die Minderheit, -en
mühsam

Es ist November 1989. Marta und Willi Schuster sitzen in der Universitätsbibliothek in Dresden und besprechen die Situation der Polen in Deutschland.

WILLI: Marta, warum wohnst du hier in Ostdeutschland, und deine Eltern in Westdeutschland, in . . . ?

MARTA: In Dortmund.

WILLI: Ach ja, in Dortmund. Warst du schon mal da?

MARTA: Natürlich, 1985, kurz nachdem sie von Polen in die Bundesrepublik umgesiedelt sind. Ich wollte aber mein Studium hier in Dresden fertig machen und bin deswegen nicht im Westen geblieben.

WILLI: Aber bald gibt es ja keinen Unterschied mehr zwischen West- und Ostdeutschland, das Land heißt ja einfach wieder Deutschland. Du wirst dann deine Eltern so oft besuchen, wie du willst.

MARTA: Theoretisch schon, aber praktisch zu teuer. Weißt du, wie teuer die Bahnfahrt ist?

WILLI: Daran habe ich gar nicht gedacht. Wie fühlen sich deine Eltern denn im Westen?

MARTA: Ganz gut! Aber richtig gut auch nicht.

WILLI: Wieso?

MARTA: Naja, sie durften ja 1984 aus Polen ausreisen und leben seitdem als Spätaussiedler in Deutschland. Aber die Deutschen mögen die Polen nicht so sehr.

WILLI: Wieso meinst du das?

MARTA: Mensch, schau dich doch mal um! Was passiert hier heute an der polnischen Grenze? Da werden polnische Busse von Neonazis mit Steinen beworfen!

WILLI: Aber das ist doch nur eine Minderheit.

MARTA: Vielleicht, aber das ist mir egal. Ich mache mir Sorgen über die Zukunft. Jede Art von Nationalismus macht mir Angst, ob das ethnische Minderheiten im Osten oder im Westen sind.

WILLI: Wie meinst du das?

MARTA: Intoleranz und Vorurteile sind immer unerträglich.

WILLI: Klar. Aber du hast wohl selber solche Probleme nicht gehabt, oder?

MARTA: Na, ich bleibe eben immer Polin, habe ja auch einen Akzent. Ich werde von Deutschen nie als Deutsche akzeptiert werden.

WILLI: Willst du denn wieder nach Polen zurückgehen?

MARTA: Nein, da ist alles einfach zu katastrophal. Das Leben ist einfach unglaublich viel mühsamer als hier. Hier gibt es zwar auch noch Schlangen vor den Geschäften, aber nicht vergleichbar mit der Situation in Polen.

WILLI: Was vermißt du denn am meisten?

MARTA: Meine Freunde, die Wärme und Offenheit der Leute. Die Leute hier, vor allem aber in Westdeutschland, haben immer so verschlossene Gesichter und der Ton ist so kalt und unfreundlich.

WILLI: Komm, wir trinken mal 'nen Kaffee zusammen und gehen ins Kino. Vielleicht fühlst du dich dann ein bißchen besser.

B. Willi und Sofie Pracht essen zusammen zu Abend. Er erzählt Sofie von dem Gespräch mit Marta, und sie sprechen über die Situation in den neuen Bundesländern.

NEUE VOKABELN

der Fremdenhaß
der Neid
sauer
der Sündenbock, ¨-e
die Ossies (*pl.*)
(die Wessies)

WILLI: Ich habe heute mit Marta gesprochen. Sie ist ziemlich deprimiert.

SOFIE: Das kann ich verstehen.

WILLI: Wieso? Es geht ihr doch gut.

SOFIE: Ja, materiell vielleicht, aber seitdem wir jetzt alle Deutsche sind, gibt es hier in den neuen Bundesländern noch andere große Probleme.

WILLI: Aber was hat Marta damit zu tun?

SOFIE: Sei doch nicht so naiv! Gerade hier in der alten DDR gibt es einen immer größer werdenden Fremdenhaß, und Leute wie Marta spüren den denklich.

WILLI: Ja, das sagte sie.

SOFIE: Na also, jetzt sind plötzlich die Polen und andere Ausländer, das, was früher in der Bundesrepublik die Türken waren.

WILLI: Aber woher kommt denn das?

SOFIE: Ich glaube, da ist viel Neid mit im Spiel. Alle glaubten, daß mit Geld und Wohlstand alle Probleme gelöst sind. Wenn aber jetzt auch „Ausländer" Anspruch auf dieses Geld erheben, dann geht der Kampf los.

WILLI: Stimmt. Aber trotzdem, es geht uns doch wirklich nicht schlecht.

SOFIE: Sicher, uns vielleicht. Aber in manchen Orten gibt es 40% Arbeitslosigkeit. Da werden die Leute eben sauer auf alle anderen, die Arbeit haben, und wenn das auch noch Ausländer sind, ist es ganz aus. Schon hat man einen Sündenbock.

WILLI: Da hast du schon recht. Sehr viele Leute haben keine Arbeit, und die Preise steigen. Darum sind auch so viele in den Westen gegangen.

SOFIE: Und leben da als dumme Ossies. Ich bleibe auf jeden Fall hier. Hier kenne ich mich wenigstens aus, und jetzt, wo wir überallhin können, kann ich ja im Urlaub wegfahren, wenn ich das Geld dazu habe.

WILLI: Weißt du was, wir sparen und fahren nächsten Sommer nach Portugal!

SOFIE: Ok, dann gibt's ab morgen nur noch die Hälfte zu essen.

C. Die Mauer fällt. WDR II. Hier ist der Westdeutsche Rundfunk.

NEUE VOKABELN

der Sekt
die Wanze, -n
die Gewalt
der Befehl, -e

REPORTER: Ich melde mich aus Ostberlin. Im Moment bin ich am Brandenburger Tor. Es ist kurz nach Mitternacht und kühl, aber das merkt hier wohl keiner. Die Leute singen und tanzen, viele haben Fahnen, junge Männer schlagen mit Hammer und Meißel Stücke aus der Mauer als Souvenir. Die Mauer, das ist ab heute Geschichte, so scheint es.

. . .

Was denken Sie im Moment?

JUNGE FRAU: W . . . Wahnsinn.

REPORTER: Haben Sie sich vorstellen können, daß es die Mauer einmal nicht mehr geben könnte?

JUNGE FRAU: Nee, das war einfach unvorstellbar.

REPORTER: Und Sie, wie fühlen Sie sich jetzt?

JUNGE MANN: Wie ich mich fühle? Das fragen Sie noch? Toll, super . . . woll'n Sie vielleicht 'nen Glas Sekt?

REPORTER: Nein, vielen Dank. . . . Seit wann sind Sie denn hier?

ÄLTERER MANN: Ich habe um 10 Uhr heute abend gehört, daß die Mauer geöffnet sein soll, da bin ich gleich losgefahren. Auf der Straße war es voll. Alle haben gehupt und laut gerufen: „Wer jetzt noch schläft, der ist schon tot." Man muß doch hier dabeisein.

REPORTER: Waren Sie schon mal im Westen?

ÄLTERER MANN: Nein, aber mein Bruder lebt dort. Ich hoffe, wir können uns jetzt endlich wiedersehen.

REPORTER: Ja, und das ist nur ein kleiner Auszug aus dem Trubel, der hier herrscht. Die Leute stehen auf der Mauer, singen „Auf der Mauer, auf der Mauer sitzt 'ne kleine Wanze . . . " Jemand schreibt gerade auf die Betonfläche „Die Mauer ist weg!" Ost- und westdeutscher Sekt „Rotkäppchen" und „Mumm" werden in einen gesamtdeutschen Pappbecher gegossen. Ich halte noch mal das Mikro in die Menge: „Kneif mir janz fest, Jünter, ick jloob sonst, ick spinne total."

REPORTER: Im Moment sehe ich, wie ein Militärlastwagen mit fünf Lautsprechern vorfährt: „Ich bitte Sie in Ihrem eigenen Interesse, bitte verlassen Sie die Mauer. Im Interesse des Friedens wird gebeten, die Ruhe im Bereich der Staatsgrenze der Deutschen Demokratischen Republik nicht zu stören."

REPORTER: Die Lage ist noch nicht völlig entspannt, noch sehe ich Beamte der ostdeutschen Polizei, doch sie hat offensichtlich keinen Befehl, mit Gewalt einzugreifen. Hoffen wir, daß das so bleibt. Und damit zurück nach Köln.

D. Die Zukunft. Rolf schreibt einer Freundin über seine Pläne für die Zukunft.

Liebe Andrea,

jetzt bin ich schon fast ein halbes Jahr hier in Berkeley und habe Dir immer noch nicht geschrieben. Ein amerikanisches Studium ist anders als ein deutsches, fast wie die Schule. Alles ist regulierter, und viele der Studenten sind viel jünger als meine Kommilitonen zu Hause. Ich werde wohl noch ein Semester hier bleiben und dann eine Reise an die Ostküste machen. Ich habe hier ein paar Studenten kennengelernt, die aus der Umgebung von Boston kommen. Ich werde mir ein altes Auto kaufen und mit ihnen quer durch das Land fahren. Ihre Eltern haben mich eingeladen, eine Woche bei ihnen zu bleiben, aber ich weiß noch nicht, ob ich so viel Zeit habe. Von da aus werde ich wahrscheinlich nach New York weiterfahren und bei einem alten Freund wohnen. Er wird mein Auto für mich verkaufen, und ich fliege von da aus zurück nach Frankfurt. Also so sehen meine Pläne aus, wer weiß, ob das alles auch so klappt. Im Moment genieße ich jedenfalls noch die kalifornische Sonne und freue mich auf das nächste Wochenende: ich werde nämlich nach Carmel fahren und mir die Sonne auf den Bauch scheinen lassen.
Ich hoffe, Dir geht es gut. Bestell auch Robert einen schönen Gruß von mir

Tschüs,

Dein Rolf

E. Der Milliongewinn. Richard Augenthaler hat wie alle Leute Träume, aber nicht das Geld diese Träume zu realisieren. Im Moment sitzt er an seinem Schreibtisch und fragt sich, was er machen würde, wenn er im Lotto eine Millionen gewinnen würde.

RICHARD: Also, eine Reise würde ich machen, auf die Bahamas, nein, nach Südostasien, oder vielleicht nach Rom . . . quatsch, ich würde an alle drei Orte fahren. Dann würde ich mir endlich eine moderne Skiausrüstung kaufen: Schuhe, Skier, Kleidung und nach Sankt Moritz fahren. Und meinen Eltern würde ich ihr Traumauto schenken und mit ihnen eine Woche nach München fahren. Und dann . . . vielleicht eine Wohnung für mich in Wien und mit dem Studium beginnen. Ich würde oft für meine Freunde kochen. Und den Rest des Geldes würde ich auf der Bank anlegen und von den Zinsen leben.

RICHARDS MUTTER: (*von unten*) Richard, was machst du denn gerade?

RICHARD: Ich war gerade auf den Bahamas.

MUTTER: Wie bitte . . . ? Der muß gestern zuviel ferngesehen haben.

F. Die Zwillinge Schmitz streiten sich.

HELGA: Sigrid, gib mir sofort meine neue Jeans. Du hast deine eigene.

SIGRID: Die ist aber dreckig. Zieh doch deine alte Jeans an.

HELGA: Ich will aber meine alte Jeans nicht anziehen.

SIGRID: Dann zieh den Rock an.

HELGA: Ich will auch keinen Rock anziehen. Gib mir jetzt meine Hose und räum endlich deinen Tisch auf.

SIGRID: Und du wasch mal endlich dein Gesicht. Du hast immer noch die Marmelade von heute morgen an der Nase.

HELGA: Pah, paperlapap, du spinnst wohl, wasch lieber deine eigene Nase.

FRAU SCHMITZ: Was ist denn jetzt schon wieder los! Streitet doch nicht immer. Seid doch mal einmal nett zueinander.

BEIDE: Aber wir streiten doch gar nicht. Sei doch nicht so böse. Wir diskutieren doch bloß.

FRAU SCHMITZ: Euere „Diskussionen" kenne ich . . .

G. Frau Frisch ist Lehrerin und unterrichtet Kinder aus der zweiten Klasse. Sie machen ein Spiel zusammen.

NEUE VOKABELN

verstecken

FRAU FRISCH: Hans, Steffen, Sigrid, bleibt doch mal für einen Moment still sitzen. Wir machen ein Spiel.

STEFFEN: Toll, spielen wir verstecken. Verstecken Sie sich und wir suchen Sie.

FRAU FRISCH: Nein, nicht verstecken. Etwas anderes. Kommt mal alle her. Du komm auch her Veronika, und Thomas, stell dich da vor die Tafel.

THOMAS: Kann ich mich auch hierhin stellen?

FRAU FRISCH: Ja, o.k., kannst du auch, aber jetzt sei mal ruhig. So, und jetzt denk dir einen Satz aus, Matthias.

MATTHIAS: Irgendeinen?

FRAU FRISCH: Ja, denk an irgendeinen Satz.

MATTHIAS: Ich hab' einen.

FRAU FRISCH: Gut, flüstere ihn der Melanie ins Ohr. Und Melanie, flüstere ihn deinem Nachbarn ins Ohr, und so weiter, und du Sylvia, du bist die letzte, sag uns, was Matthias der Melanie gesagt hat . . . und seid schön still, sonst kann Melanie ja nichts verstehen.

H. Guter Rat ist teuer. Michael holt sich Rat bei Frau Körner.

NEUE VOKABELN

Ein Wort gibt des andere.
die Tulpe, -n

Michael und Maria hatten gestern abend Streit. Danach ist Maria in ihre Wohnung gegangen. Michael hat schon mehrmals versucht, sie anzurufen, aber sie antwortet nicht. Er ist jetzt bei Frau Körner, um sich von ihr Rat zu holen.

FRAU KÖRNER: Na, Sie sehen ja so deprimiert aus, was ist denn los?

MICHAEL: Ach, Maria und ich haben uns gestern abend gestritten.

FRAU KÖRNER: Worum ging es denn?

MICHAEL: Ach, eigentlich um nichts. Ich war vielleicht wieder eifersüchtig, und danach gab ein Wort das andere. Maria ist in ihre Wohnung gefahren und jetzt geht sie nicht ans Telefon, und die Türe macht sie auch nicht auf. Was soll ich denn jetzt machen?

FRAU KÖRNER: Sind Sie sicher, daß sie zu Hause ist?

MICHAEL: Ihr Wagen steht jedenfalls vor der Tür. Was würden Sie denn an meiner Stelle machen?

FRAU KÖRNER: Wie soll ich das wissen? Ich bin doch kein Mann.

MICHAEL: Na ja, aber was würden Sie mir denn raten, Sie als Frau?

FRAU KÖRNER: Ich würde ins nächste Blumengeschäft gehen und einen schönen Blumenstrauß kaufen. Den würde ich mit einer kleinen Karte zu ihr schicken. Ich würde auf die Karte schreiben, daß es mir leid tut und daß ich zu Hause bin und mich freuen würde, wenn sie anrufen würde.

MICHAEL: Das ist eine sehr gute Idee. Würden Sie denn anrufen, wenn Sie Maria wären?

FRAU KÖRNER: Natürlich!

MICHAEL: Toll! Vielen Dank! Ich fahre gleich zum Blumengeschäft und bestelle gelbe Tulpen, das sind ihre Lieblingsblumen.

Rollenspiel

Jutta möchte mal wieder das Auto ihres Vaters haben.

JUTTA: Du, Papa, kann ich heute abend mal deinen Wagen haben?

VATER: Was, schon wieder. Ich habe ihn dir vor zwei Wochen gegeben und hatte 400 Mark Reparaturkosten. Kommt gar nicht in Frage.

JUTTA: Aber ich habe Billi versprochen, ihn heute abend zur Party bei Maria abzuholen. Ich werde auch sehr vorsichtig sein.

VATER: Dieser Billi geht mir sowieso auf die Nerven. Hat der denn kein Auto?

JUTTA: Doch, der würde mich ja auch abholen, aber er hat sein Auto gestern auch kaputt gefahren. Ich würde dich ja auch nicht fragen, aber die Party bei Maria ist wirklich wichtig.

VATER: Er würde, er würde . . . Würde er auch einmal ein Taxi bezahlen?

JUTTA: Ja, würde er schon, aber er hat im Moment kein Geld mehr.

VATER: Dann muß er eben mehr arbeiten.

JUTTA: Er arbeitet doch schon, Papa, bitte, nur dieses Mal, wirklich . . .

VATER: Also . . .

Aussprache und Orthographie

AUSSPRACHE

Langes *e* und langes *ä*

As you recall, German vowels are either long and closed or short and open. This symmetrical distribution, however, does not apply to the e-sounds. Here, there is a three-fold distinction between long and closed (spelled **e**), short and open (spelled **e** or **ä**), and long and open (spelled **ä**).

A. Pronounce the following words with long **e** and long **ä**.

> **e**   Fehler, Beere, Tee, übernehmen, zugeben
> **ä**   Käse, dänisch, Hähnchen, Geräte, Diät

B. Repeat the following sentences with long **e** and long **ä**.

1. Möchten Sie sich das Fernsehgerät ansehen?
2. Geben Sie mir zwei dänische Hähnchen.
3. Ich nehme nur Käse aus Dänemark und Tee aus England.
4. Geben Sie Ihren Fehler doch zu!
5. Nächste Woche mache ich eine Heringsdiät.

ORTHOGRAPHIE

ä/äu, e/eu

Recall that the short e-sound, as in English *pet*, is represented in German by **e** or **ä** and that the diphthong **oy**, as in English *boy*, is represented in German by **eu** or **äu**.

There is a simple way to determine whether words are spelled with **ä/äu** or **e/eu**: words are spelled with **ä/äu** when a related word is spelled with **a** or **au**, such as **fahren, fährt** and **laufen, läuft**. Otherwise they are spelled with **e/eu**.

A. Write the words you hear with **ä** or **äu**. When you are finished, write the related word that has **a** or **au** next to each.

1. bräunen   2. aufräumen   3. Hähnchen   4. Wäsche   5. Verkäufer   6. Gärtnerin   7. träumen
8. geräuchert   9. Getränk   10. Hälfte

B. Write the words you hear with **e** or **eu**. Then write the related word that has **e** or **eu** next to each.

1. Beutel   2. Becher   3. Fett   4. Zeuge   5. bedeuten   6. Speck   7. Kreuz   8. Essig   9. Freude

C. Complete the sentences you hear containing words with **ä/äu** and **e/eu**.

1. Heute muß Ernst sein Zimmer aufräumen.
2. Das Hähnchen ist mir zu fett.
3. Andrea möchte Gärtnerin oder Verkäuferin werden.
4. Die Hälfte von dem Knäckebrot ist genug.
5. Nächstes Jahr möchte ich mit meinen Freunden eine Kreuzfahrt machen.

Zusammen- und Getrenntschreibung

Compounding, or the combining of two or more words, is prevalent in German: **Fensterbank** (*window sill*). This often leads to uncommonly long words, with respect to other languages, such as the following popular example: **Donaudampfschiffahrtsgesellschaft** (*company that runs steamboats on the Danube River*).

A. Write the compound words you hear.

1. Sonnenbrille   2. Badeanzug   3. Schaufensterbummel   4. Mittagspause   5. Autowerkstatt
6. Modellversuch   7. Taxifahrer   8. Hundefutter   9. Fabrikarbeiterin

B. Recall that verbs with separable prefixes, such as **aufstehen** and **mitkommen**, are written as one word in the infinitive. They are also written as one word when the two parts come together at the end (or right before the end) of dependent clauses, even though the verb may be conjugated.

Listen to the following sentences and write the missing word at the end.

1. Ernst, ich möchte, daß du mir zuhörst.
2. Ich hör dir zu, wenn du mir etwas vorliest.
3. Weißt du, ob Jutta auch mitkommt?
4. Jens hat gesagt, daß er das Geschirr abtrocknet.
5. Ich weiß noch nicht, was ich heute einkaufe.

KAPITEL 13

HÖRVERSTÄNDNIS

Dialog aus dem Text

An der Theaterkasse

FRAU FRISCH:	Guten Tag, ich hätte gern zwei Karten für den „Faust" für heute abend.
FRAU AN DER THEATERKASSE:	Wo möchten Sie denn sitzen?
FRAU FRISCH:	Haben Sie noch zwei gute Plätze im Parkett?
FRAU AN DER THEATERKASSE:	Im Parkett ist leider schon alles ausverkauft. Wir haben nur noch was im 2. Rang.
FRAU FRISCH:	Wieviel kosten die Karten denn?
FRAU AN DER THEATERKASSE:	12 Franken 50 das Stück.
FRAU FRISCH:	Gut, ich nehme sie.

Am gleichen Tag, etwas später:

FRAU FRISCH:	Guten Tag, ich habe vor ein paar Stunden bei Ihnen zwei Karten für den „Faust" für heute abend gekauft, keine besonders guten Plätze, im 2. Rang und ziemlich weit hinten.
FRAU AN DER THEATERKASSE:	Ja, und?
FRAU FRISCH:	Ja, zuerst war mir nicht ganz klar, wie schlecht die Plätze eigentlich sind, aber mein Mann hat gesagt, daß er da schon mal gegessen hat und fast nichts gesehen hatte.
FRAU AN DER THEATERKASSE:	Und was weiter?
FRAU FRISCH:	Ja, und jetzt würde ich die Karten gern zurückgeben.

Weitere Hörtexte

A. Rollenprobleme

NEUE VOKABELN

auf dem laufendem sein
einarbeiten
verblöden
Das füllt ihn aus.
das Hausfrauendasein
übermäßig spannend
unabhängig

Herr Wagner ist nun schon seit längerer Zeit arbeitslos. Seine Frau möchte wieder arbeiten, damit sie etwas mehr Geld haben.

FRAU WAGNER:	Heute stehen wieder mehrere Stellenangebote für Sekretärinnen in der Zeitung.
HERR WAGNER:	Interessierst du dich wirklich für eine Stelle als Sekretärin?

FRAU WAGNER: Ja. Wer weiß, wie lange du noch arbeitslos bist. Und hier zu Hause gehen wir uns nur auf die Nerven. Außerdem könnten wir auch eine bißchen mehr Geld gebrauchen.

HERR WAGNER: Meinst du denn, daß du nach der langen Zeit als Hausfrau so einfach wieder 'reinkommst ins Berufsleben? Du bist doch gar nicht mehr auf dem laufenden.

FRAU WAGNER: Warum? Wegen der Computer? Man kann sich in alles einarbeiten. Andere müssen den Umgang mit der neuen Technologie doch auch erst lernen.

HERR WAGNER: Kann sein, aber wie soll es hier zu Hause laufen, wenn du den ganzen Tag nicht da bist?

FRAU WAGNER: Du mußt dich eben dann um den Haushalt kümmern. Du hast ja nun schon eine Weile zugeschaut, wie es gemacht wird.

HERR WAGNER: Du weißt, daß ich ein ziemlich schlechter Koch bin. Wir können doch nicht jeden Tag Spiegeleier essen.

FRAU WAGNER: Dann schaust du eben im Kochbuch nach, wie man andere Sachen macht. Ich mußte das Kochen auch erst lernen. Du willst mir doch wohl nicht erzählen, daß Frauen intelligenter sind als Männer.

HERR WAGNER: Und Wäsche waschen, staubsaugen, einkaufen ... Soll ich das auch alles machen?

FRAU WAGNER: Natürlich.

HERR WAGNER: Also, besonders interessant finde ich das aber nicht gerade. Den ganzen Tag putzen, waschen und kochen, da verblödet man ja. Ich brauche mehr Kontakt mit Menschen.

FRAU WAGNER: Wenn du einkaufen gehst, triffst du garantiert ein paar Leute, Nachbarinnen oder Herrn Ruf. Der ist schließlich auch Hausmann.

HERR WAGNER: Er ist nebenbei aber auch noch Schriftsteller. Das füllt ihn aus.

FRAU WAGNER: Keine Angst, mit drei Kindern bist du sicher auch ausgefüllt.

HERR WAGNER: Ich fühle mich einfach nicht wohl bei dem Gedanken, daß meine Frau arbeiten geht, während ich zu Hause sitze.

FRAU WAGNER: Es sieht aber wohl so aus, als ob du dich daran gewöhnen mußt. Im übrigen habe ich das Hausfrauendasein auch nie übermäßig spannend gefunden, aber ich hatte ja keine Wahl. Trotzdem bin ich jetzt schon mehr als zehn Jahre zu Hause. Ich freue mich darauf, mal wieder mehr unter Menschen und finanziell unabhängiger zu sein.

HERR WAGNER: Das sehe ich ja ein. Aber an den Gedanken, nur Hausmann zu sein, kann ich mich eben nur schwer gewöhnen.

B. Das Leben einer unverheirateten Frau

NEUE VOKABELN

ungebunden
die Torschlußpanik
gestalten

Renate Röder ist bei ihren Eltern in Berlin-Zehlendorf. Sie spricht mit ihrer Mutter über ihre Zukunft. Herr und Frau Röder würden Renate gerne verheiratet sehen.

FRAU RÖDER: Denkst du eigentlich überhaupt nicht ans Heiraten, Renate? Mittlerweile bist du ja alt genug. Und wenn du Kinder haben möchtest, solltest du nicht mehr zu lange warten.

RENATE: Mama, mach dir keine Sorgen um mein Leben. Es gefällt mir im Moment, wie es ist. Ich bin ungebunden, finanziell unabhängig und habe nur für mich selbst zu sorgen.

FRAU RÖDER: Aber du mußt auch an die Zukunft denken. Wenn man noch jung ist, ist das Alleinsein vielleicht angenehm, im Alter sieht das anders aus. Du solltest dir mit einem Mann gemeinsam etwas aufbauen.

RENATE: Erstens kenne ich im Augenblick keinen Mann, mit dem ich mir gemeinsam etwas aufbauen möchte, und zweitens habe ich auch kein Interesse daran.

FRAU RÖDER: Du versuchst ja auch gar nicht einen kennenzulernen ...

RENATE: Was soll das denn heißen?

FRAU RÖDER: Ich finde, du konzentrierst dich zu sehr auf deinen Beruf. Für private Dinge hast du doch überhaupt keine Zeit.

RENATE: Mein Beruf macht mir Spaß und füllt mich aus. Und im übrigen klingt es so, als wenn ihr allmählich Torschlußpanik bekommt. Wenn ich ein Mann wäre, würdet ihr anders reden.

FRAU RÖDER: Unsinn. Aber du mußt auch verstehen, daß wir uns über deine Zukunft Gedanken machen. Wir werden schließlich auch nicht jünger.

RENATE: Das verstehe ich ja auch. Aber wie ich mein Leben gestalte, müßt ihr schon mir überlassen.

C. Rollentausch

NEUE VOKABELN

erfolgreich
leisten
jemanden ernst nehmen
sich selbst überlassen sein
Mit dem ist es aus.

Frau Körner und Herr Thelen stehen vor dem Haus in der Isabellastraße in München und sprechen über Familie Ruf.

FRAU KÖRNER: Der Ruf macht es sich ja sehr leicht. Seine Frau verdient das Geld und er sitzt zu Hause und spielt den Hausmann.

HERR THELEN: Sie soll aber in ihrem Beruf sehr erfolgreich sein, habe ich gehört.

FRAU KÖRNER: Einer muß ja das Geld verdienen, wenn der andere nichts leistet.

HERR THELEN: Stimmt, also als Mann kann ich den nicht ernst nehmen, so wie der lebt. Schriftsteller, das ist ja auch kein richtiger Beruf.

FRAU KÖRNER: Haben Sie schon mal 'was von ihm gelesen?

HERR THELEN: Nein, ich lese solche Sachen nicht. Aber Michael hat gesagt, seine Bücher sind ein bißchen neurotisch, sehr modern.

FRAU KÖRNER: Hat er sie denn gelesen?

HERR THELEN: Nein, aber er hat eine Kritik in der Zeitung gelesen.

FRAU KÖRNER: Naja, der Ruf ist ja auch wirklich ein bißchen komisch. Dauernd rennt er zum Arzt und geht zur Apotheke.

HERR THELEN: Und die Kinder sind ziemlich sich selbst überlassen. Die Mutter ist ja den ganzen Tag nicht da.

FRAU KÖRNER: Also die Jutta sieht furchtbar aus mit dieser Frisur. Und wie sie sich anzieht!

HERR THELEN: Haben Sie ihren Freund schon mal gesehen?

FRAU KÖRNER: Meinen Sie den Punk?

HERR THELEN: Nein, mit dem ist es aus.

FRAU KÖRNER: Na, Gott sei Dank, der sah ja aus wie ein Penner.

HERR THELEN: Stimmt. Jetzt soll sie ja mit einem Ausländer zusammen sein.

FRAU KÖRNER: Nein? Mit einem Ausländer? Türke oder was?

HERR THELEN: Sowas in der Richtung, Araber, Türke oder so. Also richtig finde ich das nicht.

FRAU KÖRNER: Genau das passiert eben, wenn die Mutter sich nicht um die Kinder kümmert, weil sie unbedingt Karriere machen will.

HERR THELEN: Da haben Sie recht. Kinder brauchen eben eine Mutter.

FRAU KÖRNER: Genau, Herr Thelen, eine Frau sollte sich um Haushalt und Familie kümmern, damit alles gut funktioniert.

HERR THELEN: Ja, und ich muß arbeiten, damit ich zufrieden bin. Kinder hüten und Essen kochen ist doch keine Arbeit für einen Mann.

FRAU KÖRNER: Ich glaube, sie macht sowieso alles.

HERR THELEN: Ja, der Ruf überarbeitet sich nicht, der hat einen ganz schönen Bierbauch bekommen.

D. Gespräch über die Situation der Türken in Deutschland

NEUE VOKABELN

das Vorurteil, -e
konkurrieren
sich in die Heimat zurücksehnen
die Eingewöhnungsschwierigkeiten (pl.)
sich bemühen

Claire und Josef essen zusammen zu Abend. Sie sprechen über die Situation der Türken in Deutschland.

CLAIRE: Jetzt bin ich schon eine ganze Weile in Deutschland, aber eins verstehe ich immer noch nicht.

JOSEF: Was denn?

CLAIRE: Die Probleme der Türken hier. Es gibt so viele Gastarbeiter aus Griechenland, Italien, Spanien und Portugal. Warum sind es gerade die Türken, die am meisten diskriminiert werden?

JOSEF: Ich glaube, die Vorurteile den Türken gegenüber sind viel größer als gegenüber den anderen Gastarbeitern, weil sie aus einem ganz anderen Kulturkreis kommen. Als Mohammedaner essen sie anders und kleiden sich auch anders. Die Frauen tragen oft Kopftücher und Hosen unter Kleidern. Dadurch fallen sie sofort als anders auf.

CLAIRE: Und das ist der Grund, warum sie hier so schlecht behandelt werden?

JOSEF: Nein, natürlich ist das kein Grund, aber viele Leute sagen halt wer in Deutschland lebt, muß sich an das Land anpassen. Die wachsende Arbeitslosigkeit in Deutschland spielt aber wohl noch eine größere Rolle.

CLAIRE: Aber dafür können doch die Türken nichts.

JOSEF: Nein. Aber manche Leute glauben, daß die Türken den Deutschen die Arbeitsplätze wegnehmen. Das war alles kein Problem als die Wirtschaft sehr stabil war und es genug Arbeit für alle gab. Doch jetzt ist das Land überflutet von so vielen neuen Einwanderern, die sich alle um die wenigen Arbeitsplätze oder Sozialunterstützung bewerben.

CLAIRE: Gibt es denn so viele türkische Gastarbeiter in Deutschland?

JOSEF: Viele Gastarbeiter haben ihre Familien aus der Türkei nachgeholt. Mittlerweile sind die Kinder der ersten Gastarbeitergeneration auch schon erwachsen und konkurrieren mit deutschen Jugendlichen um Ausbildungs- und Arbeitsplätze.

CLAIRE: Wollen diese Türken denn alle in Deutschland bleiben?

JOSEF: Die älteren Gastarbeiter sehnen sich sicher in die Heimat zurück, aber nach der langen Zeit hier hätten viele Eingewöhnungsschwierigkeiten.

CLAIRE: Vor allem für die Jugendliche, die praktisch hier aufgewachsen sind, stelle ich mir eine Rückkehr in die Türkei schwierig vor.

JOSEF: Das ist sie sicher auch. Sie sprechen meist besser deutsch als türkisch und fühlen sich auch sonst in der Türkei isoliert.

CLAIRE: Dann sollte man sich doch bemühen, diese Leute zu integrieren statt zu diskriminieren.

JOSEF: Da hast du allerdings recht, aber das ist schwerer in einem Land wie Deutschland, das immer schon eine geschlossene Gesellschaft war. England und Frankreich hatten durch ihre Kolonien schon früher intensiven Kontakt mit anderen Kultur- und Sprachgruppen.

CLAIRE: Hatten die Holländer nicht vor längerer Zeit Probleme mit einer ethnischen Gruppe?

JOSEF: Ja, ich glaube schon. Es ist wohl für alle Gesellschaften schwer mit Minderheiten fair und respektvoll umzugehen, vor allem in Zeiten der wirtschaftlichen Krise.

CLAIRE: Leider.

E. Juttas neuer Freund

NEUE VOKABELN

der Pascha

Jutta bringt Mehmet, ihren neuen Freund, nach Hause.

JUTTA: Tag, Papa. Das ist Mehmet.

HERR RUF: Guten Tag, Mehmet. Jetzt lerne ich Sie also endlich kennen.

MEHMET: Guten Tag, Herr Ruf.

HANS: Bist du Juttas neuer Freund? Ißt du immer Knoblauch?

JUTTA: Hans, laß Mehmet in Ruhe, du hast ja doch keine Ahnung.

HANS: Doch hab' ich wohl, wir haben auch drei Türken in meiner Klasse.

HERR RUF: Na und? Essen die alle Knoblauch?

HANS: Weiß ich nicht, nicht alle glaube ich, aber Werner sitzt neben einem und sagt immer, der riecht so komisch.

MEHMET: Ich esse zwar gerne Knoblauch, aber nicht immer. Am liebsten mag ich Currywurst mit Pommes.

HANS: Siehst du, Papa, Mehmet ißt auch gerne Currywurst, und ich darf das nie essen!!

HERR RUF: Wie lange sind Sie denn schon in Deutschland, Mehmet?

MEHMET: Seit ich zehn bin. Ich bin hier zur Schule gegangen.

JUTTA: Er arbeitet jetzt in einem Supermarkt in Tegel.

HANS: Hat deine Mutter auch immer so komische bunte Sachen an und Hosen unter dem Kleid?

JUTTA: Hans, jetzt halt endlich deinen Mund!!

MEHMET: Laß ihn ruhig, ich bin das gewöhnt. Ja, Hans, meine Mutter trägt auch so komische Sachen. Meine Eltern sind gläubige Mohammedaner, und unsere Frauen dürfen nicht so viel von ihrem Körper zeigen wie deutsche Frauen.

HERR RUF: Aber trotzdem essen Sie Currywurst?

MEHMET: Wissen Sie, ich bin hier aufgewachsen und zur Schule gegangen. Ich fühle mich mehr als Deutscher und will nicht immer als anders auffallen. Nur meine Eltern halten noch an ihren alten Traditionen fest.

HERR RUF: Wie sieht es denn mit der traditionellen Männerrolle, dem Pascha, aus?

MEHMET: Mein Vater ist sicher so etwas wie ein Pascha. Ich sehe das etwas anders, aber ganz verstehen kann ich immer noch nicht, warum die deutschen Frauen sich so aufregen. Es geht ihnen doch so gut hier!

HERR RUF: Mehmet, ich glaube wir müssen uns mal etwas länger unterhalten.

HANS: Au ja, da komm' ich mit . . .

JUTTA: Was soll denn das heißen!

F. Drogenabhängigkeit in Deutschland

NEUE VOKABELN

der Drogenbeauftragte
scheitern
verbieten
abgeben

Sofie und Willi sitzen in einem Café in der Nähe von der Uni in Dresden. Sofie liest eine Zeitschrift und Willi liest für ein Seminar.

SOFIE: Mensch, das kann doch nicht wahr sein!

WILLI: Was?

SOFIE: Na hier, dieser Bericht über Kinderprostitution und Drogenabhängigkeit in West-Deutschland. Sie zeigen hier Bilder aus der Hamburger Bahnhofgegend. Die Mädchen sind noch so jung, 13 bis 15 Jahre alt und drogensüchtig.

WILLI: Gibt es denn keine Therapie in diesem tollen Wohlfahrtsstaat?

SOFIE: Doch, aber die Ärzte zeigen nicht viel Sympathie mit diesen Mädchen.

WILLI: Was sagen denn die Politiker zu dem Problem?

SOFIE: Der Drogenbeauftragte der Stadt Hamburg wurde interviewt. Hier, ich lese mal: „Die Drogenpolitik ist gescheitert. Wer den Drogengebrauch verbietet, treibt den Benutzer in die Illegalität. Die Konsequenz heißt Freigabe, Legalisierung. Wir müssen die Drogen kontrolliert abgeben unter ärztlicher Kontrolle. Wir brauchen Plätze, wo es saubere Spritzen gibt."

WILLI: Wahnsinn, glaubst du, wir werden hier auch bald ein Drogenproblem haben?

SOFIE: Na klar, wie willst du das denn verhindern?

WILLI: Durch Aufklärung.

SOFIE: Ich kann nur hoffen, daß dein Optimismus Realität wird.

G. Ein Nachmittag im Museum Ludwig

NEUE VOKABELN

der Zigeuner / die Zigeunerin

Es ist Sonntag, und Melanie und Josef sind nach Köln gefahren. Im Moment sind sie im Museum Ludwig.

JOSEF: Köln ist wirklich nicht so schlecht. Das Museum hier ist sogar einfach ausgezeichnet.

MELANIE: Hast du das Bild mit den zwei Zigeunermädchen gesehen, von Otto Mueller?

JOSEF: Nein, wieso?

MELANIE: Fand ich unmöglich. Die beiden Mädchen sind halbnackt und ihre Gesichter sind wild und unsympathisch.

JOSEF: Soviel ich weiß, fühlte sich Mueller den Zigeunern besonders nahe. Für ihn waren sie näher an der Natur. Erinnerst du dich an einige Gaugin Bilder von Tahitianerinnen?

MELANIE: Ja, stimmt, für Gaugin war Tahiti das einzige verbleibende Paradies.

JOSEF: Ich mag diesen Beckmann hier, „Der Leiermann" von 1935. Beckmann hat das Chaos in Nazi-Deutschland in so scharfen und grotesken Bildern festgehalten.

MELANIE: Ja, aber seine „Zwei Frauen" von 1940 sind sehr schön und gar nicht grotesk.

JOSEF: Zwischen 1937 und 1947 war Beckmann in Amsterdam im Exil. Er schwankte immer zwischen Hoffnung und Verzweiflung. Das Frauenbild drückt wohl seine Hoffnung aus.

MELANIE: Was denkst du denn über dieses Bild hier: Kurt Schwitters „Relief" 1923?

JOSEF: Merkwürdige Collage. Gehörte Schwitters nicht zu denn Dadaisten zusammen mit Man Ray und Marcel Duchamps?

MELANIE: Ja, ich glaube, aber verstehen kann ich sie alle nicht.

JOSEF: Du brauchst sie ja auch gar nicht zu verstehen, guck dir die Bilder einfach nur an. Komm, wir gehen mal zu den Skulpturen. Ich mag einige Sachen von Wilhelm Lehmbruck.

MELANIE: Oh ja, ich hoffe, sie haben auch Sachen von Hans Arp, Giacometti und Ernst Barlach.

JOSEF: Bestimmt. Und danach trinken wir mal 'nen Kölsch.

Rollenspiel

An der Konzertkasse. Michael und Maria wollen in ein Konzert von Herbert Grönemeyer. Im Moment stehen sie an der Konzertkasse. Es ist ziemlich voll.

MARIA: Glaubst du, wir kriegen noch Karten?

MICHAEL: Na klar, was glaubst du denn! Laß mich nur machen. Die Frau an der Kasse sieht ganz vernünftig aus.

MARIA: Wie du meinst.

VERKÄUFERIN: Der nächste bitte.

MICHAEL: Wir hätten gern zwei Karten.

VERKÄUFERIN: Welche Preisklasse denn? Wir haben noch Karten zu 35 Mark, zu 45 Mark und zu 60 Mark.

MICHAEL: Wie sind denn die Karten zu 35 Mark?

VERKÄUFERIN: Ziemlich weit hinten natürlich, deswegen sind sie ja so billig.

MICHAEL: Können Sie uns nicht mit diesen Karten etwas weiter vorne sitzen lassen?

VERKÄUFERIN: Mensch, Sie haben Nerven! Die Karten sind deswegen so billig, weil sie so weit hinten sind, aber wenn Sie gute Ohren haben, können Sie auch da alles hören.

MICHAEL: Ist ja schon gut. Ich nehme zwei Karten zu 45 Mark. Sind die besser?

VERKÄUFERIN: Warum glauben Sie wohl, daß die teurer sind? Ja, natürlich, und jetzt nerven Sie mich nicht, ich sitze schon den ganzen Tag hier.

MICHAEL: Ist ja schon gut . . . (zu Maria) Komm, wir gehen, die hat wirklich schlechte Laune.

Aussprache und Orthographie

AUSSPRACHE

l, r

The l- and the r-sounds are difficult in all languages, so if you haven't yet mastered them completely in German, don't worry: the more you practice them, the easier they will become.

A. Pronounce the following words with l followed by a vowel.

Folie, Löffel, Salat, Teller, Leder, Wolle, Aluminium, elegant

B. Pronounce the following words with l preceded by another consonant.

Blume, Fleisch, Plastik, Pflaume, Flasche, Bleich, klar, Geflügel

C. Pronounce the following words with l preceded by a vowel.

Kohl, Hälfte, Milch, Stahl, Metall, Gold, Salz, Öl

D. Pronounce the following words with r between two vowels.

Möhre, Schere, Haare, bereiten, Beere, Hering, geräuchert, Material

E. Pronounce the following words with r followed by a vowel.

Reis, Rum, rechnen, reif, Radio, Remoulade, Rosenkohl, Rührei

F. Pronounce the following words with r preceded by another consonant.

trinken, Kraut, Brühe, Zitrone, Traube, bräunen, Preis, Streifen

G. Now practice the following sentences. Concentrate on the l- and the r-sounds.

1. Trinken Sie Tee mit Rum oder mit Zitrone?
2. Heute abend gibt es frisches Brot mit Heringssalat.
3. Eine Apfelhälfte gibt Rotkohl den besonderen Geschmack.
4. Zum Kartoffelbrei braucht man Kartoffeln, Butter, Salz und Milch.
5. Zum Frühstück esse ich gern ein Brötchen mit Erdbeermarmelade oder Pflaumenmus.

ORTHOGRAPHIE

s; ss, ß; tz, z

Keep the following rules in mind to distinguish among the various German s- sounds.

1. The single s in German stands for the z-sound, as in English *zeal*.
2. The double s (ss) occurs only between two vowels when the first vowel is short. The ß is used in all other instances: after long vowels, after diphthongs, at the end of words, or before consonants.
3. The *ts*-sound, as in English *nuts*, is represented by tz after short vowels and z in all other instances: at the beginning of words, after long vowels and diphthongs, and after consonants.

Listen and write the sentences you hear. Concentrate on the spelling of the various s-sounds.

1. Vergiß nicht, das Auto zu putzen, bevor du in die Tanzstunde gehst.
2. Mit meiner Mutter habe ich immer Kreuzworträtsel gelöst.
3. Ich hoffe, Sie müssen mir den Zahn nicht ziehen.
4. Jetzt mache ich erst einmal Pause, und dann schreibe ich meinen Deutschaufsatz.

HÖRVERSTÄNDNIS

Dialog aus dem Text

Auf der Bank

PETER:	Guten Tag, ich würde gern ein Konto eröffnen.
BANKANGESTELLTER:	Ein Spar- oder ein Girokonto?
PETER:	Ein Girokonto.
BANKANGESTELLTER:	Wenn Sie dann bitte dieses Formular ausfüllen würden . . .
PETER:	Ich möchte auch 100 Dollar bar einzahlen. Wie steht der Dollar eigentlich?
BANKANGESTELLTER:	Er ist ein bißchen gestiegen—einszweiundsechzig.
PETER:	Bekomme ich auch Euroschecks und eine Karte für den Geldautomaten?
BANKANGESTELLTER:	Haben Sie ein festes Einkommen?
PETER:	Ja, ich bekomme ein Stipendium. Das soll auf dieses Konto überwiesen werden.
BANKANGESTELLTER:	Dann können wir natürlich Euroschecks für Sie bestellen. Ihre Eurocheckkarte können Sie dann auch für den Geldautomaten benutzen.
PETER:	Um wieviel kann ich mein Konto überziehen?
BANKANGESTELLTER:	Um 300 Mark im Monat.
PETER:	Bekomme ich auch Zinsen für mein Guthaben?
BANKANGESTELLTER:	Nein, Zinsen gibt es nur auf Sparkonten. So, hier ist Ihre Quittung für die hundert Dollar.
PETER:	Vielen Dank.

Weitere Hörtexte

A. In der Bank

NEUE VOKABELN

der Kontoauszug, ⁼e
abbuchen

Maria Schneider ist zur Sparkasse gegangen, um Geld abzuheben und Geld zu wechseln. Sie will mal wieder mit Michael verreisen.

BANKANGESTELLER:	Guten Tag, Frau Schneider. Was kann ich für Sie tun?
MARIA:	Ich hätte gern meine Kontoauszüge.
BANKANGESTELLER:	Die können Sie sich an unserem Automaten selbst holen. Haben Sie sonst noch Wünsche?
MARIA:	Ich vergeß' das immer mit dem Automaten, aber ich brauche auch noch neue Euroschecks und belgische Francs, französiche Francs und Peseten.
BANKANGESTELLER:	Das klingt ja nach einer längeren Reise?
MARIA:	Wir fahren nach Brüssel und Paris und machen anschließend noch Urlaub in Spanien.

BANKANGESTELLER: Das würde ich auch jetzt gern! Hier bitte, Ihre Euroschecks, die ausländische Währung bekommen Sie an der Kasse.

(Maria geht zur Kasse)

KASSIERER: Guten Tag, Frau Schneider.

MARIA: Guten Tag. Ich brauche für 100 Mark belgische Francs, für 300 Mark französische Francs und für 600 Mark spanische Peseten.

KASSIERER: Soll ich das von Ihrem Konto abbuchen?

MARIA: Ja bitte. Sagen Sie, sind Reiseschecks eigentlich besser als Euroschecks?

KASSIERER: Innerhalb Europas empfehle ich Ihnen Euroschecks, sie werden überall problemlos akzeptiert und können auf einen Höchstbetrag von 400 DM ausgestellt werden. Außerdem haben Sie den Vorteil, daß Sie den günstigeren Scheckkurs bekommen und nicht den Bargeld-Umtauschkurs. Für nicht-europäische Länder empfehle ich Ihnen Reiseschecks.

MARIA: Diesmal reisen wir nur innerhalb Europas, aber nächste Jahr will ich in die USA.

KASSIERER: Dann fragen Sie uns nach Reiseschecks.

MARIA: Vielen Dank.

KASSIERER: Nichts zu danken, hier ist Ihr Urlaubsgeld, und gute Reise.

B. Sparen

NEUE VOKABELN

verfügen über

Marias junge Kusine Nicole Schneider hat während der Schulferien zum ersten Mal gearbeitet. Sie hat 3000 Mark verdient und fragt bei ihrer Bank, der Sparkasse, wie sie das Geld am besten sparen kann.

NICOLE: Guten Tag, ich möchte mich gern nach Geldanlagen erkundigen.

ANGESTELLTER: Wie lange möchten Sie das Geld denn anlegen?

NICOLE: Das weiß ich noch nicht. Was ist denn am besten?

ANGESTELLTER: Wenn Sie jederzeit über das Geld verfügen wollen, können Sie es natürlich auf ein Sparbuch tun, aber der Zinssatz liegt im Moment bei nur 4%.

NICOLE: Was heißt das denn genau?

ANGESTELLTER: Wenn Sie 1000 Mark auf dem Sparbuch lassen, haben Sie nach einem Jahr 1040 Mark. Aber wenn Sie zum Beispiel einen Sparkassenbrief kaufen, bekommen Sie im Moment 6% Zinsen im ersten Jahr, $6\frac{1}{2}$% im zweiten Jahr und 7% im dritten Jahr.

NICOLE: Warum das denn?

ANGESTELLTER: Sie bekommen mehr, weil Sie das Geld fest angelegt haben. Das heißt, Sie können zwischendurch nichts abheben.

NICOLE: Hm, ich weiß nicht, drei Jahre sind so lang. Vielleicht will ich mir nächstes Jahr ja was Teures kaufen und dann kann ich nicht an mein Geld ran.

ANGESTELLTER: Wissen Sie was, wir eröffnen erst mal ein Sparbuch. Dann zahlen Sie Ihr Geld ein und können immer noch überlegen, ob Sie einen Teil davon festlegen wollen.

NICOLE: Gute Idee, das mach' ich.

ANGESTELLTER: Würden Sie dann bitte unterschreiben . . .

C. Politik. Claire spricht mit Josef über deutsche Politiker.

CLAIRE: Ich finde ihn einfach unmöglich!

JOSEF: Wen?

CLAIRE: Kohl! Schau ihn dir doch an. Jetzt haben ihm die public relations Leute schon ein neues Styling gegeben, neue Brille und Outfit und so und er sieht immer noch nicht besser aus.

JOSEF: Ja, da hast du wohl leider recht, und politisch brilliant ist er auch nicht gerade.

CLAIRE: Wieso wurde er dann gewählt?

JOSEF: Ich glaube, Image ist hier noch nicht ganz so wichtig wie in den Staaten, Kohl ist zuerst Repräsentant seiner Partei, und wir haben im Moment eine konservative Ära, ich glaube fast weltweit. Als Spitzenkandidat der CDU hatte es Kohl da leicht, er war Repräsentant konservativer Politik. Die Leute wählen zuerst die Partei und dann die Person.

CLAIRE: Wirklich?

JOSEF: Na ja, wer weiß, manchmal zweifle ich auch daran.

CLAIRE: Wie wichtig sind denn die Medien im Wahlkampf hier?

JOSEF: Sie werden immer wichtiger. Jede politische Partei bekommt eine bestimmte Sendezeit im Fernsehen. Da kann dann der Kanzlerkandidat jeder Partei sein politisches Statement abgeben.

CLAIRE: Glaubst du, daß die Grünen eine Alternative zu den alten Parteien darstellen?

JOSEF: Schwer zu sagen. Keine Partei überzeugt mich im Moment ganz. Ich habe lange Zeit auf die Grünen gehofft, sie hatten wirklich alternative Ideen, aber je mehr sie sich etablieren, desto mehr werden sie auch in das politische Hickhack verwickelt.

CLAIRE: Das politische Hickhack? Was ist das denn?

JOSEF: Na, der Kleinkrieg zwischen den verschiedenen Persönlichkeiten. Der eine hat was gegen den anderen, und die Partei verliert ihre Richtung.

CLAIRE: Klingt genauso wie bei uns.

JOSEF: Ist es wohl auch. Der einzige Unterschied zu den USA ist, daß wir hier mehr Parteien haben mit zum Teil sehr unterschiedlichen Richtungen.

CLAIRE: Ich muß wohl noch eine Zeit hierbleiben, um diese Unterschiede klar zu erkennen.

JOSEF: Der Meinung bin ich auch . . .

CLAIRE: Wie bitte?

JOSEF: Na, daß du noch eine Weile hierbleiben solltest, meine ich natürlich . . .

D. Ein Interview mit den SPD-Kanzlerkandidaten Lafontaine

NEUE VOKABELN

das Attentat
die Währungsumstellung

Auf Herrn Lafontaine wurde im April 1991 ein Attentat verübt.

REPORTERIN: Herr Lafontaine, es sind erst vier Wochen seit dem Kölner Attentat vergangen. Wie fühlen Sie sich?

LAFONTAINE: Ganz gut, aber ich brauche noch Zeit und muß Ruhe finden.

REPORTERIN: Haben Sie Hilfe von Psychotherapeuten?

LAFONTAINE: Im Moment nicht, aber befreundete Psychologen habe mir ihre Hilfe angeboten. Wenn man sich in der Öffentlichkeit bewegt, muß man mit solchen Sachen rechnen.

REPORTERIN: Wollen Sie immer noch Kanzlerkandidat bleiben?

LAFONTAINE: Im Prinzip ja.

REPORTERIN: Sie haben oft gesagt, sie sind gegen die Währungsumstellung in der DDR, warum?

LAFONTAINE: Wenn man ab dem 1. Juli die D-Mark zur offiziellen Währung in der DDR erklärt, wird das schwere wirtschaftliche Konsequenzen haben, vor allen Dingen Massenarbeitslosigkeit.

REPORTERIN: Aber solche Prognosen machen Sie nicht sehr populär.

LAFONTAINE: Mag sein, aber wir müssen realistisch bleiben. Die Vereinigung von Ost und West sollte nicht zu schnell geschehen. Es gibt jetzt schon Probleme genug. Man kann 40 Jahre nicht von heute auf morgen ungeschehen machen.

REPORTERIN: Ich danke Ihnen für das Gespräch.

E. Meine Umwelt, deine Umwelt

NEUE VOKABELN

blöd
der Dreck
Raubbau treiben
die Müllhalde

Sofie und Willi machen einen Spaziergang an der Elbe in Dresden. Willi hat eine Dose Cola ausgetrunken und sie in den Fluß geworfen.

SOFIE: Heh! Was machst du denn da!
WILLI: Heh?!
SOFIE: Bist du blöd? Was soll ich schon meinen? Mit der Dose!
WILLI: Ach die Dose, warum regst du dich so auf, das war wirklich nur eine Dose.
SOFIE: Nur *eine* Dose? Weißt du eigentlich wieviel Dreck schon in dem Fluß ist?
WILLI: Du siehst wohl zu viel fern und liest zu viele Magazine aus dem Westen. Eine Dose mehr oder weniger wird die Elbe schon nicht kaputtmachen.
SOFIE: *Eine* Dose vielleicht nicht, aber zusammen mit den Millionen anderen schaffen wir das schon. Und was soll das mit der Westpresse? Als das hier noch die DDR war, hat man genug Raubbau mit der Umwelt getrieben. Ich bin froh über die neuen Informationen, die wir jetzt haben.
WILLI: Nun reg dich doch nicht so auf, *ich* habe ja nur eine hineingeworfen.
SOFIE: Ja verstehst du denn nicht, daß jeder so denkt, daß *jeder* immer nur *eine* weggeworfen hat. Aber jeder! Jeden Tag!
WILLI: Ist ja schon gut. Es tut mir ja leid. Ich werfe meine Cola Dose in Zukunft wie ein guter Deutscher in den Abfalleimer.
SOFIE: Du solltest dir darüber klarwerden, daß das auch nicht das Optimale ist. Schon mal was von Recycling gehört?
WILLI: Recycling oder auch Widerverwertung, der Kapitalismus produziert und reproduziert.
SOFIE: Die Ironie kannst du dir sparen. Ich mache im Moment wirklich keinen Witz. Ich war neulich mal auf einer Müllhalde. Unvorstellbar, was wir jeden Tag wegwerfen.
WILLI: Ihr Frauen seid immer gleich so fanatisch. Gleich hol' ich dir die Cola Dose für dein Recycling.
SOFIE: Gerne—na, was ist?
WILLI: Also, irgendwie habe ich keine allzugroße Lust, in der Elbe schwimmen zu gehen.
SOFIE: Komisch . . . !!!

F. Silvia Mertens spricht mit ihrem Freund Jürgen Baumann über die Zukunft.

SILVIA: Sag mal, Jürgen, hast du gehört, daß meine Kusine Claudia ein Kind bekommt?
JÜRGEN: Also ich weiß nicht, wie kann man denn heute noch Kinder haben wollen, bei den Zukunftsaussichten?
SILVIA: Wie meinst du das?
JÜRGEN: Ich habe gerade einen neuen Bericht amerikanischer Wissenschaftler gelesen: das Ozonloch ist keine science fiction mehr, sondern brutale Realität. Es wird bald keinen Schutz mehr vor den Strahlen der Sonne geben. Der Treibhauseffekt wird auch immer bedrohlicher—und da bekommen die Leute noch Kinder!
SILVIA: Bist du da nicht ein bißchen zu pessimistisch?
JÜRGEN: Leider wohl nicht. Es wird jetzt schon immer wärmer überall. Erinnerst du dich an die letzten paar Sommer.
SILVIA: Ja, aber . . .
JÜRGEN: In Deutschland und in England wurden Rekordtemperaturen gemessen. Selbst in London konnte man es vor Hitze nicht aushalten. Und das wird noch schlimmer werden.
SILVIA: Und du meinst wirklich, daß das ein Grund ist, keine Kinder mehr zu bekommen?
JÜRGEN: In was für eine Welt werden diese Kinder denn geboren? Die Umweltverschmutzung wird immer katastrophaler durch den Autoverkehr, die Industrie, das Abholzen des Regenwaldes, und von den nuklearen Unfällen will ich gar nicht erst sprechen.
SILVIA: Aber die Autoindustrie arbeitet doch schon an Elektroautos.
JÜRGEN: Ob das ausreicht? Jetzt muß etwas passieren: im Bewußtsein der Leute muß etwas passieren. Alle suchen immer einen anderen, der schuldig ist: die Industrie, die Regierung . . .
SILVIA: Stimmt . . .
JÜRGEN: Wir alle verschmutzen unsere Umwelt jeden Tag durch eine Waschmaschine und eine Spülmaschine voll mit Chemikalien, eine Plastiktüte, die weggeworfen wird . . .

SILVIA: Weißt du was, Jürgen, ich werde trotz deines negativen Bildes noch Kinder haben. Ich glaube einfach, daß sich vieles in der nächsten Zeit ändern kann, ändern muß, ändern wird.

JÜRGEN: Hoffentlich.

G. Ach du liebe Technik!

NEUE VOKABELN

sich lohnen

Herr Thelen ist bei Frau Gretter zu Besuch. Sie unterhalten sich über Technik.

HERR THELEN: Ja, was ist das denn? Ist der neu?

FRAU GRETTER: Ja, das ist meine neuer Radiowecker, aber er ist schon kaputt.

HERR THELEN: Wieso das denn?

FRAU GRETTER: Ich kann ihn nicht stellen. Können Sie das lesen? Hier steht: „time und set und lock und snooze!"

HERR THELEN: Ja, das ist die englische Gebrauchsanweisung. Zeigen Sie mal. Da müssen Sie hier drücken und jetzt die Zeit einstellen . . . und jetzt auf lock stellen, so, na sehn Sie, geht doch, von wegen kaputt!

FRAU GRETTER: Ich versteh' das nicht. Ich kann kein englisch, und den Wecker habe ich hier gekauft, warum ist das dann alles auf englisch?

HERR THELEN: Weil das die Sprache der Technik ist. Fast alle Produkte haben englische Gebrauchsanweisungen.

FRAU GRETTER: Also ich bin sowieso kein Freund der Technik.

HERR THELEN: Und trotzdem haben Sie alle diese Geräte: eine Waschmaschine, eine Spülmaschine, einen Trockner, einen Staubsauger, einen Fernseher . . .

FRAU GRETTER: Ja, aber die brauche ich doch alle.

HERR THELEN: Aha, sie wollen Ihre Wäsche wohl doch nicht mit der Hand waschen?

FRAU GRETTER: Nein, natürlich nicht, aber die meisten Sachen habe ich nur, weil man sowas heute hat und meine Freundin immer sagt, man muß sowas haben, wenn man modern sein will. Die meisten Geräte benutze ich selten.

HERR THELEN: Dann komme ich eben öfter zum essen, und wir räumen die Spülmaschine zusammen ein, damit es sich lohnt.

FRAU GRETTER: Gerne, aber Ihre Wäsche müssen Sie schon noch alleine waschen. Sie haben doch eine Waschmaschine, oder?

HERR THELEN: Aber natürlich, was denken Sie denn?

Rollenspiel

ANGESTELLTER: Guten Tag. Kann ich Ihnen helfen?

RENATE: Ja, ich möchte ein Konto eröffnen. Ein Girokonto. Wie sind da Ihre Konditionen?

ANGESTELLTER: Der Überziehungskredit richtet sich nach Ihrem Einkommen. Normalerweise können sie Ihr Konto bei guter Kontoführung um das Zweifache des Monatsgehalts überziehen. Die Sollzinsen liegen im Moment bei 8%.

RENATE: Und wie erhalte ich meine Kontoauszüge?

ANGESTELLTER: Sie bekommen von uns eine Euroscheckkarte, mit der können Sie an vielen Geldautomaten Geld abheben, bis zu 400 Mark, und an den Zweigstellen der Deutschen Bank hier in Berlin druckt Ihnen der Automat auch die Auszüge automatisch aus.

RENATE: Und wie teuer ist die Karte?

ANGESTELLTER: Das sind 80 Mark im Jahr und eine Gebühr für die Scheckvordrucke.

RENATE: Gibt es Alternativen zur Euroscheckkarte?

ANGESTELLTER: Wenn Sie viel auf Reisen sind, empfehle ich Ihnen zusätzlich die Eurocard. Die können Sie auch in den USA als Mastercard verwenden. Wenn Sie die Mastercard Gold nehmen, haben Sie zusätzlich eine Reise- und Gepäckversicherung.

RENATE:	Und wie funktioniert das?
ANGESTELLTER:	Wenn Sie Ihr Flugticket mit der Karte bezahlen, haben Sie automatisch diesen Versicherungschutz.
RENATE:	Klingt interessant. Und wie teuer ist die Karte?
ANGESTELLTER:	Die liegt im Moment bei 100 Mark pro Jahr.
RENATE:	Gut, eröffnen wir erst mal das Konto.
ANGESTELLTER:	Wenn Sie bitte dieses Formular unterschreiben könnten, einen kleinen Moment dann noch . . .

Aussprache und Orthographie

AUSSPRACHE

Vokalisiertes *r*

Recall that the letter **r** is vocalized, which means it is pronounced as a *schwa*, like *a* in the English *about*, unless it is followed by a vowel.

A. Pronounce the following words with vocalized **r**.

wertvoll, Wurst, zuerst, Quark, Krabbe, Gurke
Tier, Körper, Brötchen, beantworten, Gewürz, ehrlich

B. A single **r** that follows the letter **a** is not pronounced unless it is followed by an **m** or an **n**. Thus, there is little difference in pronunciation between the words **Jahr** and **ja**.

Pronounce the following words with single **r** after the vowel **a**.

Arzt, Fahrt, Garten, Nachbar, war, gespart

Unbetontes *es* und *er*

An **e** in unstressed syllables, such as endings on verbs, nouns, or adjectives, is pronounced as a *schwa* (*about*), unless it is followed by **l** or **r**.

A. Pronounce the following words with unstressed **e**.

Hüfte, Lunge, Lampe, Grippe, Hilfe, Leute

B. The letter combination **er** in prefixes such as **er-**, **ver-**, and **zer-** is pronounced as **e** + *schwa*. When the letter combination **-er** is a suffix, as in a plural ending (**Männer**), a comparative ending (**schneller**), or the ending of a noun that derives from a verb (**Lehrer**), it is pronounced as another *schwa*-sound similar to the vowel sound in English *cup*.

Pronounce the following words with **er**.

er-	erinnern, Verband, verletzt, Erbse, vermischen
-er	sauber, Leber, Hummer, Dosenöffner, Trockner

C. Concentrate on the various *schwa*-sounds as you pronounce the following word pairs with final **e** or **er**.

e → er lebe → Leber; Lehre → Lehrer; trockne → Trockner; Worte → Wörter

D. Now practice the following sentences. Concentrate on the pronunciation of the various *schwa*-sounds.

1. Sie dürfen sich nicht soviel ärgern.
2. Ich streiche mir etwas Quark aufs Brötchen.
3. Das esse ich gern mit Erdbeermarmelade.
4. Ich erinnere mich an die leckeren Krabben und Hummer.
5. Mein Staubsauger und mein Fernseher sind kaputt.

ORTHOGRAPHIE

Unbetontes *e* und *er*

A. Write the words you hear with final **e**.

1. Hilfe   2. Lampe   3. arbeite   4. Leute   5. saubere   6. Würste

B. Write the words you hear with final **er**.

1. Helfer   2. Wunder   3. Arbeiter   4. Leber   5. sauberer   6. Hummer

C. Concentrate on the *schwa*-sounds represented by **e** and **er**. Write the sentences you hear.

1. Haferflocken sind gesünder als Wurst.
2. Ich ärgere mich, wenn ich etwas Wertvolles verliere.
3. Gestern habe ich 20 Mark auf der Straße gefunden.
4. Sie müssen mehr Sport treiben und weniger essen.
5. Butter, Eier, Leberwurst und Hummer haben sehr viel Cholesterin.